Itinéraire

DES

BATEAUX A VAPEUR.

LAGNY. — Imprimerie d'A. Le Boyer et Comp.

Paris.

Itinéraire

DES

BATEAUX A VAPEUR

DE PARIS A ROUEN

ET DE

ROUEN AU HAVRE,

AVEC UNE

DESCRIPTION STATISTIQUE HISTORIQUE ET ANECDOTIQUE DES

BORDS DE LA SEINE;

SUIVI D'UN

GUIDE DU VOYAGEUR;

par B. Saint-Edme,

ORNÉ DE 2 CARTES ET DE 18 VUES PRINCIPALES;

Dessinées d'après nature.

PARIS,

ERNEST BOURDIN, LIBRAIRE EDITEUR,

57-59, RUE QUINCAMPOIX,

ET SUR TOUS LES BATEAUX A VAPEUR.

1836.

ABRÉVIATIONS.

R. D.	Rive droite
R. G.	Rive gauche.
Arrond..	Arrondissement.
Pop..	Population.
Hab..	Habitans.
Bur. de p.	Bureau de poste.
✉	Poste aux lettres.
Dist..	Distribution.
🐎	Poste aux chevaux.
Villa.	Village.

I.

UTILITÉ DE L'ITINÉRAIRE DES BORDS DE LA SEINE.

Quand le marquis de Jouffroy découvrit le moyen d'appliquer la force de la vapeur à la marche des vaisseaux, le halage par les hommes ou par les chevaux était lent, difficile et coûteux. Cette découverte fit donc grand bruit parmi les savans et les industriels.

Cependant nous approchions de ce grand mouvement d'affranchissement populaire qui devait captiver tous les esprits, et la marine française ne put jouir des avantages que lui promettait l'invention de notre compatriote. Les Américains et les Anglais s'en emparèrent. Elle nous est revenue, quoique tardivement, et nos fleuves et nos villes s'enrichissent enfin de cette heureuse ressource de communications promptes et peu dispendieuses.

De nombreux bateaux à vapeur se sont établis sur la Seine, et ont ainsi rapproché la distance qui séparait le Hâvre, point de départ des plus longs voyages, de Paris, centre de la civilisation et des arts (1).

(1) Nous donnerons la liste de tous les paquebots à

Cette facilité de se transporter, en peu d'heures, dans tous les lieux qui bordent la Seine, sur la ligne que nous avons à décrire, soit que l'intérêt des affaires y appelle, soit qu'on se laisse aller au plaisir et à la curiosité, fait sentir la nécessité d'un itinéraire qui indique les distances et les ressources locales, qui redise l'origine et l'histoire anecdotique des villes, des bourgs, des villages qui frappent les regards des voyageurs sur les deux rives du fleuve.

Nous ferons remarquer en outre que notre *Itinéraire*, quoique composé sous la forme d'un voyage agréable et amusant, est cependant destiné à tenir lieu d'un ouvrage plus sérieux et plus utile encore : plus sérieux en ce qu'il renferme l'analyse de tous les grands faits de l'histoire des diverses localités que nous avons à parcourir; plus utile en ce qu'il contient un guide spécial du voyageur dans les grandes villes qui se trouvent, soit en intermédiaires de Paris au débouché de la Seine dans la mer, soit aux points principaux du voyage, comme Rouen et le Hâvre.

Tels ont été les motifs qui ont donné naissance au guide que nous plaçons sous les yeux des personnes qui montent les bateaux à vapeur de Paris au Hâvre.

voiles et à vapeur qui correspondent avec le Hâvre, l'Amérique, l'Angleterre, la Hollande etc. ; nous indiquerons les jours de départ et les frais de transport. **(*Voy.* p. 129. et suivantes.)**

NOTICE STATISTIQUE ET MYTHOLOGIQUE

SUR LA SEINE.

La *Seine* doit occuper la première place dans notre petit livre, puisqu'on ne la quitte pas pendant tout ce voyage. Dans l'étroit vallon où s'élève le village de St.-Germain-la-Feuille, près du bourg de Chanceaux, à 6 lieues N.-O. de Dijon, coule un ruisseau qui s'échappe du revers septentrionnal d'une hauteur couverte de bois; ce ruisseau s'élargit insensiblement, traverse la Champagne, commence à devenir navigable à Méry-sur-Seine, arrose un grand nombre de villes avant de traverser Paris, baigne Rouen et Quillebœuf; et, devenu fleuve large et profond, se jette dans la partie de l'Océan Atlantique qu'on nomme la Manche, devant le Hâvre, après s'être accru de vingt-cinq rivières dans un cours d'environ cent soixante lieues.

Il faut remarquer que ceux qui placent la source de ce fleuve à Saint-Seine et à Envergeaux, et qui rapportent l'origine de son nom aux peuples séquaniens, qui habitaient l'Helvétie et les pays entre le Rhône, la Saône et le Rhin, ont commis une erreur grave.

Les mythologues se sont emparés de ce fleuve pour en faire le sujet d'une fable qui, sous la plume de Bernardin de Saint-Pierre, est passée en un récit plein de fraîcheur et de grâce, qu'on sera sans doute bien aise de retrouver ici.

« La *Seine*, fille de *Bacchus* et nymphe de *Cérès*, avait suivi dans les Gaules la déesse des blés, lorsqu'elle cherchait sa fille par toute la terre. Quand *Cérès* eut mis fin à ses courses, la *Seine* la pria de lui donner en récompense de ses services, ces prairies que vous voyez là-bas. La déesse y consentit, et accorda de plus à la fille de *Bacchus* de faire croître des blés partout où elle porterait ses pas. Elle laissa donc la *Seine* sur ces rivages, et lui donna pour compagnes et pour suivantes plusieurs nymphes, entr'autres *Héva* qui devait veiller près d'elle, de peur qu'elle ne fût enlevée par quelque dieu de la mer, comme sa fille *Proserpine* l'avait été par celui des enfers. Un jour que la *Seine* s'amusait à courir sur ces sables, en cherchant des coquilles, et qu'elle fuyait en jetant de grands cris devant les flots de la mer qui quelquefois lui mouillaient la plante des pieds et quelquefois l'atteignaient jusqu'aux genoux, *Héva*, sa compagne, aperçut, sur les ondes, les cheveux blancs, le visage empourpré et la robe bleue de *Neptune*. Ce dieu venait des Orcades après un tremblement de terre, et il parcourait les rivages de l'Océan, examinant avec son trident si leurs fondemens n'avaient pas été ébranlés. A sa vue, *Héva* jeta un grand cri, et avertit la *Seine* qui s'enfuit aussitôt vers les prairies. Mais le dieu des mers avait aperçu la nymphe de *Cérès*; et, touché de sa bonne grâce et de sa légèreté, il poussa sur le rivage ses chevaux marins après elle. Déjà il était près de l'atteindre, lorsqu'elle invoqua *Bacchus*, son père, et *Cérès*, sa maîtresse. L'une et l'autre l'exaucèrent : au moment où *Neptune* la saisit dans ses bras, tout le corps de la nymphe se fondit en eau ; son voile et ses vêtemens verts, que les vents poussaient devant elle, devinrent des flots couleur d'émeraude ; elle fut changée en un fleuve de cette couleur, qui se plaît encore à parcourir les lieux qu'elle a aimés étant nymphe. Ce qu'il y a de plus remarquable, c'est que *Neptune*, malgré sa métamorphose, n'a cessé d'en être amoureux, comme on dit que le fleuve *Alphée* l'est encore en silence de la fontaine *Aréthuse*. Mais si le dieu des mers a conservé son amour pour la *Seine*, la *Seine* garde encore son aversion pour lui. Deux fois par jour il la poursuit avec de grands rugissemens, et chaque fois, la *Seine* s'enfuit dans les prairies en remontant vers sa source, contre le cours naturel des fleuves. En tout temps, elle sépare ses eaux vertes des eaux azurées de *Neptune*.

« *Héva* mourut de regret, et on lui éleva sur le rivage un tombeau de pierres blanches et noires. C'est la montagne escarpée qui porte toujours le nom d'*Héva*, et qui renferme un écho pour prévenir les marins des dangers du naufrage, comme autrefois elle avait averti la nymphe de Cérès des périls qui la menaçaient.

« Les autres compagnes de la *Seine* furent métamorphosées comme elle aux divers lieux où elles s'arrêtèrent dans leur fuite. Ce sont l'*Aube*, l'*Yonne*, la *Marne*, l'*Oise*, l'*Andelle*, et toutes les autres rivières qui viennent apporter le tribut de leurs eaux à leur ancienne maîtresse.

« *Amphitrite*, à la nouvelle de ces désastres, fit construire plusieurs petites baies à l'embouchure de la *Seine*, et voulut qu'elles fussent des hâvres assurés contre la fureur de son infidèle époux. Ce sont les différens ports qui offrent un asile aux vaisseaux depuis Rouen jusqu'à la mer. »

En citant ce passage de Bernardin de Saint-Pierre,

M. Ch. Nodier, un de nos écrivains les plus spirituels, poursuit ainsi :

« Notre vieille mythologie nationale ajoute quelque chose à ce délicieux récit.

« Peu de temps après, *Friga*, la belle *Thétis* des Gaules, fut jalouse de voir *Siofne*, la *Vénus celtique*, remporter la pomme qui était le prix de la beauté, sans qu'elle eût été mise au concours, et résolut d'en tirer vengeance. Un jour que *Siofne*, descendue sur les rives de la *Seine*, visitait les prairies émaillées qu'elle arrose, *Friga* lui déroba sa pomme, qu'elle avait déposée sur un rocher, et en sema les pépins dans les campagnes voisines pour y perpétuer le souvenir de son triomphe. De là proviennent les innombrables pommiers qui croissent dans le pays, et peut-être aussi l'esprit de dissension que la chicane et les procès entretiennent, dit-on, parmi ses habitans. »

DE PARIS A ROUEN

CORRESPONDENCE AVEC LES PAQUEBOTS
DE ROUEN ET LE HAVRE.

LE THÉODORE,

BATEAU A VAPEUR EN FER,

CONSTRUIT PAR LE CÉLÈBRE M. CAVÉ, MÉCANICIEN, MU PAR DEUX MACHINES A HAUTE PRESSION DE LA FORCE COLLECTIVE DE VINGT CHEVAUX.

CAPITAINE NARBEY.

Ce bateau, ayant 130 pieds de longueur, est le premier paquebot qui a été construit pour le service de Paris à Rouen. Sa belle construction donne aux voyageurs toutes les commodités désirables.

Le *Théodore* a commencé son service le 7 juin 1836, et, en raison des sinuosités de la rivière, il part de Maisons-Laffitte à 9 heures du matin. Les voyageurs y sont conduits de Paris par les voitures de St.-Germain, partant à 7 heures.

A son retour il part de Rouen à 5 heures du matin, et arrive à 7 heures du soir à Poissy, d'où des voitures transportent en poste les voyageurs à Paris.

Les places doivent être retenues la veille à Paris, au bureau des accélérées de Saint-Germain, rue Rivoli, 4, *hôtel des Deux-Pavillons* *, à l'agence générale de tous les paquebots pour le Hâvre, l'Angleterre, l'Amérique, etc.

Et à Rouen, chez M. Baraquin, Cours Boieldieu, 59.

* Cet hôtel, tenu par M. Vanheumen, est situé dans le plus beau quartier de Paris, à côté du palais des Tuileries, à deux minutes du Palais-Royal et de la Bourse: il offre aux voyageurs toutes les commodités possibles : ils y trouvent grands et petits appartemens, chambres et cabinets meublés, par mois, par semaine et même par jour, à de prix très modérés. (English spoken.)

DÉPARTS RÉGULIERS.

DE PARIS :	DE ROUEN :
DIMANCHE, MARDI ET JEUDI.	LUNDI, MERCREDI ET VENDREDI.

PRIX DES PLACES.

De Paris à Rouen, voitures comprises :

Premières......... 12 fr. Secondes........ 9 fr.

Il y a un très bon restaurant à bord.

LA VILLE DE PARIS,

CAPITAINE CASTAGNETI.

Paquebot à vapeur, mu par une machine à basse pression de la force collective de 25 chevaux. Ce joli navire est convenablement disposé pour recevoir les Passagers, et permet un service régulier et de tous les jours avec le THÉODORE.

Le prix des places est le même.

Il y a un très bon restaurant à bord.

ITINÉRAIRE

DE PARIS A ROUEN :

NOMS DES VILLES, BOURGS, VILLAGES ET HAMEAUX QUI BORDENT LES DEUX RIVES DE LA SEINE.

(L'ordre de cette nomenclature est celui des lieux à parcourir.)

1 Chaillot. R. D.
2 Passy. *id.*
3 Auteuil. *id.*
4 Issy. R. G.
5 Sèvres. *id.*
6 Saint-Cloud. *id.*
7 Boulogne. R. D.
8 Suresne et le mont-Valérien. R. G.
9 Puteaux. *id.*
10 Neuilly. R. D.
11 Courbevoye. R. G.
12 Clichi. *id.*
13 Anières. R. G.
14 Saint-Ouen. R. D.
15 Villeneuve-La-Garenne. R. G.
16 Epinay. R. D.
17 Argenteuil. *id.*
18 Colombes. R. G.
19 Besons. R. D.
20 Carrières-Saint-Denis. *id.*
21 Chatou. *id.*
22 Croissy. *id.*
23 Malmaison. R. G.
24 La Chaussée. *id.*
25 Bougival. *id.*
26 Marly. *id.*
27 Le Pecq. R. D.
38 Saint-Germain-en-Laye. R. G.
29 Carrières-Sous-Bois. *id.*
30 Le Mesnil. R. G.
31 Maisons, *lieu d'embarquement.* R. G.
32 Herblay. R. D.
33 Conflans. R. D.
34 Andrésy. *id.*
35 Achères. R. G.
36 Carrières. R. D.
37 Poissy. R. G.
38 Villaines. *id.*
39 Medan. *id.*
40 Vernouillet. *id.*
41 Verneuil. *id.*
42 Triel. R. D.
43 Vaux. *id.*
44 Meulan. *id.*
45 Mézy. *id.*
46 Juziers. R. D.
47 Mésières. R. G
48 Porcheville. *id.*

49 Limay. R. D.
50 Mantes. *id.*
51 Gasssicourt. R. G.
52 Rosny. R. G.
53 Guernes. R. D.
54 Rolleboise. R. G.
55 Méricourt. *id.*
56 Mousseaux. *id.*
57 Vetheuil. *id.*
58 Moissons. R. G.
59 Roche-Guyon. *id.*
60 Freneuse. R. G.
61 Bennières. R. G.
62 Bonnecourt. R. D.
63 Jeufosse. R. G.
64 Limetz. R. D.
65 Pont-Villez. R. G.
66 Giverny. R. D.
67 Vernon. *id.*
68 Vernonnet. R. D.
69 Saint-Pierre d'Autils. R. G.
70 Pressaigny. *id.*
71 Portmort. R. D.
72 Courcelles. *id.*
73 Thosny. *id.*
74 Bouaffle. R. D.
75 Vezillon. *id.*
76 Petit Andelys. *id.*
77 Le Thuit. *id.*
78 Laroquette. *id.*
79 Bernière. R. G.
80 Muids. R. D.
81 Vironvey. R. G.
82 Andé. R. D.
83 Porte-Joye. R. G.
84 Herqueville. R. D.
85 Connelles. *id.*
86 Poses. *id.*
87 Amfreville-Sous-Les-Monts. R. D.
88 Manoir. *id.*
89 Les Damps. R. G.
90 Pont-de-L'Arche. *id.*
91 Criquebeuf. *id.*
92 Freneuse. R. D.
93 Elbeuf. *id.*
94 Saint-Aubin. R. D.
95 Cléon. R. D.
96 1. Tourville. R. D.
97 Oissel. R. G.
98 Port Saint-Ouen. *id.*
99 Saint-Crespin et St. Adrien. R. D.
100 St-Étienne de Rouvray. R. G.
101 Belbœuf. *id.*
102 Amfreville ou La Mi-Voye. *id.*
103 Sotteville. R. G.
104 Blosseville ou Bon Secours. R. D.
105 Rouen. *id.*

II.

Paris, Rouen, le Hâvre, ne forment qu'une seule ville, dont la Seine est la grande rue.

(NAPOLÉON.)

Aperçu statistique du département de la Seine. — Du quai d'Orsay, ancien lieu d'embarquement, à Argenteuil.

Autrefois les bâteaux à vapeur recevait les voyageurs au bas du quai d'Orsay. Il parcourait toutes les sinuosités de la Seine en vue des lieux indiqués plus haut. C'est par cette raison que nous croyons devoir jeter un coup-d'œil sur chacune des localités de cette route maintenant abandonnée, mais qu'il pourrait passer par la tête de quelque entrepreneur de rétablir un jour.

Et d'abord nous donnerons un aperçu statistique du département de la Seine.

Ce département, formé en entier de la ci-devant province de l'Ile-de-France, tire son nom de sa principale rivière, qui le traverse du sud-est au nord-ouest. — Il est enclavé dans le département de Seine-et-Oise. — Le climat est sain et tempéré ; la hauteur moyenne annuelle du thermomètre est de 9 à 10 degrés de Réaumur ; la température moyenne de l'été est de — 18°, celle de l'hiver de — 3°. Néanmoins cette température est sujette à de grandes variations : dans l'été de 1793, le thermomètre s'est élevé jusqu'à —30° ; il marquait—28° dans les journées de juillet 1830, et descendit à — 18° dans l'hiver de 1795. La Seine gèle, après trois jours d'un froid continu, de — 6°. Les vents dominans sont ceux du sud, de l'ouest et du nord; les deux premiers amènent la pluie et l'humidité. Les vents du nord-est, de l'est et du sud-est, amènent presque toujours le beau temps ; mais ils ne soufflent guère que pendant trois mois de l'année.

Le territoire est généralement uni : on y trouve cependant quelques collines, mais point de montagnes proprement dites. Les points culminans, au-dessus du niveau de la mer, sont la butte Montmartre, dont l'élévation est de 136 mètres, et la butte

Saint-Chaumont, élevée de 123 mètres — Le sol n'est pas également bon dans toute son étendue, pourtant la grande quantité d'engrais qu'offre le voisinage de la capitale, et le soin particulier que l'on donne à la culture, suppléent à la qualité du terrain. Il s'y trouve beaucoup de collines, des plaines de la plus grande fertilité et des pâturages excellens. On cultive une très grande quantité de légumes et d'arbres fruitiers dans les terres sablonneuses et légères ; ils forment le principal produit des communes rurales les plus voisines de Paris. La Seine et la Marne, dont la navigation active favorise un commerce considérable, y coulent dans plusieurs directions, fertilisent de belles plaines et de riches prairies, au-delà desquelles de rians coteaux, couverts d'habitations charmantes, offrent des sites agréables et variés, embellis par un paysage enchanteur. Une infinité de grandes routes le traversent en tous sens. Ces routes, bordées de deux rangs de beaux arbres, larges et pavées sur toute leur longueur, ressemblent à de magnifiques avenues, qui annoncent le voisinage et l'opulence de la capitale du plus beau royaume du monde. Les campagnes voisines de Paris participent du luxe, de l'aisance et de la magnificence de cette grande cité. Les bois de Boulogne, de Vincennes, de Meudon, de Fleury, et quelques bosquets disséminées à Romainville, Bondy, Fontenay, etc., forment aux environs des promenades solitaires délicieuses.

Le chef-lieu est Paris, ville capitale du royaume. Il est divisé en 3 arrondissemens et 20 cantons, renfermant 81 communes. — Superficie, 22 lieues carrées. — Population, 935, 108 habitans.

Minéralogie. Indices de manganèse, pyrites sulfureuses. Carrières nombreuses de pierre à bâtir à Saint-Maur, Neuilly, Ivry, Arcueil, Bagneux, Vaugirard, etc. Plâtre d'excellente qualité à Montmartre, au Mont-Valérien, Châtillon, Belleville, Ménilmontant, Sable à fonderies. Argile de diverses natures. Craie, Tourbe, etc.

Sources Minérales à Passy, à Auteuil. Indices de sources sulfureuses à Villetaneuse.

Productions. Toutes les céréales, légumes et fruits en abondance; vin, cidre; très peu de bois, pâturages. Menu gibier. Bon poisson d'eau douce. Vaches laitières, ânesses, chèvres, moutons mérinos, chèvres cachemires. — Nombreuses pépinières. Culture en grand des légumes potagers, portée au plus haut degré de perfection.

Industrie. Manufactures de draps fins, tissus mérinos et cachemires, châles, gazes tulles, crêpes, blondes, dentelles, indiennes; papiers peints. Fabrique de chapellerie ; passementerie, mercerie ; bonneterie de soie et de coton ; broderies en tous genres modes, nouveautés, chapeaux de paille et de soie, fleurs artificielles; sellerie et carrosserie ; meubles, bronzes et dorures, acier poli; coutellerie de luxe ; horlogerie, orfévrerie, joaillerie, bijouterie fine et fausse, plaqué d'or et d'argent, boutons de métal, or et argent battus, limes, outils, mécaniques de toute espèce, instrumens de mathématiques, de physique et d'astronomie; quincaillerie fine, perles fausses, tabletterie, parfumerie, chocolat, liqueurs, gants de peau, cartonnage, brosses et pinceaux, bouchons de liège, cordes d'instrumens, plomb de chasse et laminé, caractères d'imprimerie, clous, bougies, chandelle, colle-forte, amidon, acides minéraux, produits chimiques, savon, céruse, cuirs vernis, porcelaines et cristaux. Nombreuses teintureries en soie, laine, fil et coton; blanchisseries de cire, raffineries de sucre et de sel, distilleries, amidonneries ; lavoirs de laines, tanneries, corroieries, maroquineries ; filatures de coton, de laine et de duvet cachemire ; blanchisseries de toiles, verreries, faïenceries; appareils considérables pour la confection du gaz hydrogène servant à l'éclairage. — Exploitation en grand des carrières de pierre à bâtir, et de plâtre. — Manufactures royales des glaces, des tabacs, de tapisseries et tapis de pieds.

Commerce de vins, eaux-de-vie, esprits, liqueurs, huiles, vinaigre, eaux minérales naturelles et factices, grains, farines, légumes secs, fromages, comestibles, marrons, fruits, poisson d'eau douce, marée, huîtres, sel, fer, laines, coton, soie, épiceries, drogueries, denrées coloniales de toute espèce, bois de chauffage et de charpente, charbon de bois, houille, bois des îles couleurs et vernis, marbres, pierres de taille, tuiles ardoises, faïence, porcelaine, cristaux, verre à vitres, draperies et toileries, soieries, rubans et nouveautés, librairie, gravures et produits lithographiques, etc. — Entrepôt des denrées et marchandises destinées à la consommation de Paris.

1. CHAILLOT. (R. D.)

Le lieu connu sous ce nom est maintenant dans l'enceinte de Paris; il formait dès long-temps l'extrémité nord-est du bois de Rouvray (voy. *Bois de Boulogne*). Quand on eut défriché ce point, les habitans de Nijon, village voisin, vinrent en partie s'y fixer. Erigé de bonne heure en paroisse, la cure appartenait, à la fin du XIe siècle, au prieuré de saint Martin-des-Champs. — Chaillot eut ses seigneurs particuliers jusqu'en 1450. — La haute justice passa de Charles VII à Louis XI, à Philippe de Commines, au maréchal de Bassompierre et enfin aux religieuses de la visitation. — Les religieuses y avaient été établies par Henriette de France, femme du roi d'Angleterre Charles 1er. Le bâtiment qu'elles occupaient avait été construit par ordre de Catherine de Médicis, embelli par Bassompierre, et portait sous Henri IV, le nom de *maison de Grammont*: c'est dans ce couvent que furent inhumés Charles Ier, Jacques II, sa femme et sa fille Marie, et que se retira mademoiselle de la Vallière, abandonnée de Louis XIV. — Chaillot avait encore un couvent de minimes, dit Bons-Hommes, un d'Augustins, un de Bénédictins. — Plusieurs personnages célèbres l'habitèrent, entre autres Mézerai, Françoise de Veyni d'Arbonse, femme du cardinal Duprat, le maréchal de Rantzau et le président Jeannin. — La partie de Chaillot la plus agréable et la mieux bâtie, est celle qui forme le quai de Billy. Au bas du quai est la pompe à feu des frères Périer, qui distribue ses eaux dans un grand nombre de fontaines de Paris, et à l'extrémité, près de la barrière, sur le penchant de la colline qui domine le cours de la Seine, est l'emplacement du palais que Napoléon voulait élever pour son fils. — Chaillot est faubourg de Paris depuis 1659.

2. PASSY. (R. D.)

Beau et grand bourg de l'arrond. de St.-Denis. — Pop. 4,545 hab. — ✉

Situé près des murs de Paris, sur le sommet et au penchant d'une colline qui borde la Seine. Sa rue principale large et bien construite, conduit au bois de Boulogne. — Francklin, le comte d'Estaing, Raynal et Piccini l'ont habité. — Son origine ne remonte pas au-delà du treizième siècle. — Passy, qui a eu des Seigneurs, ne possède de cure que depuis 1667. — Il y avait un couvent de Barnabites. — Deux sources d'eaux minérales découvertes en 1658 et 1719. — Fabrique de plomb de chasse; rafineries de sucre; moulins à farine mus par la vapeur; filature de coton; fabrique d'apprêts et teinture pour les draps. — Le Ranelagh et le château de la Muette sont dans ses dépendances.

3. AUTEUIL. (R. D.)

Arrond. de Saint-Denis. — Pop. 2,764 hab. — ✉ *dist.*

Charmant village, bâti sur une éminence, entre le bois de Boulogne et la route de Versailles, et connu depuis le treizième siècle, sous le nom d'*Altolium*. — Ancienne seigneurie. — On y voit un grand nombre de maisons de campagne, toutes plus agréables les unes que les autres, et dont plusieurs rappellent le souvenir d'hommes illustres. Boileau, Franklin, Helvétius les habitèrent. Le bon Lafontaine, Molière, Racine, Chapelle, Condorcet, Houdon, Cabanis, Rumfort, venaient s'y délasser. Dans le cimetière une pyramide est élevée à la mémoire du chancelier d'Aguesseau, qui y repose. Billancourt et l'Ile de Sèvres en dépendent. Dans la première est une brasserie; dans la seconde, la tannerie de M. Séguin. L'église est du dix-septième siècle; on y voit le tombeau d'Antoine Nicolaï, mort en 1731. — Fontaine d'eau minérale ferrugineuse froide. — Fabrique de briques, façon anglaise. Imprimerie d'indiennes. — Bal suivi par les habitans de Paris. — Fête patr. le 15 août et dimanche suivant.

4. ISSY. (R. G.)

Arrond. de Sceaux. — Pop. 1,581 — hab. ✉ *dist.*

Village sur la route qui conduit à St.-Cloud. Sa situation sur une colline peu distante de la Seine, le rend très agréable. Le séminaire Saint-Sulpice y possède une maison succursale jadis habitée par la reine Marguerite. On voit dans ses caves des restes d'un bâtiment que l'on croit avoir fait partie d'un temple d'Isis, construit par les Gaulois. En face de l'église, sur une hauteur, est un bâtiment gothique qui fut une maison de plaisance du roi Childebert. Le cardinal Fleury mourut dans ce village, en 1743. C'est là que fut représenté, en 1659, le premier opéra français; on l'appelait *la Pastorale*, et l'auteur était un nommé Pierre Perrin, natif de Lyon. — C'est encore à Issy que s'assemblèrent les quatre docteurs chargés d'examiner la doctrine des livres de Fénélon. Bossuet y tint à ce sujet plusieurs conférences, en 1695.

5. SÈVRES. (R. G.)

Arrond. de Versailles. — Pop. 3,973 hab. —

Bourg sur la Seine, qu'on y traverse sur un pont. Il est remarquable par sa superbe manufacture de porcelaine, sa manufacture de bouteilles, une autre d'émaux, et les caves du roi. On y arrive par la barrière de Passy.

6. SAINT-CLOUD. (R. G.

Bourg et château royal. — Pop. 2,000 hab. — ✉ ☗.

On place ici Sèvres et Saint-Cloud à cause de leur position et quoiqu'ils fassent partie du département de Seine-et-Oise, arrond. de Versailles. — Nos rois de la première race avaient une maison de campagne à St.-Cloud. — Ce bourg tient son nom de Clodoalde ou Cloud, fils de Clodomir, roi d'Orléans. — C'est à Saint-Cloud, en 584, que Chilpéric, roi de Soissons, reçut les ambassadeurs qu'il avait envoyés à Constantinople, et signa un traité d'alliance avec le roi d'Austrasie, contre le roi de Bourgogne. — Les Anglais unis à Charles-le-Mauvais, roi de Navarre, dévastèrent ce bourg en 1358. — Jean, duc de Bourgogne, s'en empara en 1411. — Henri III y fut assassiné par Jacques Clément, le 2 août 1589. — Le général Bonaparte y fit son 18 brumaire. — Philippe-Joseph d'Orléans, père du roi actuel, était né à Saint-Cloud, le 13 avril 1747. — Une maison qui appartint aux Gondi, puis à des évêques de Paris, a été l'origine du château de Saint-Cloud. Louis XIV l'acheta pour en faire cadeau au duc d'Orléans, son frère, qui y fit des changemens et des augmentations considérables. Lenôtre en traça le jardin. Marie-Antoinette l'acquit. Napoléon l'habita, et après lui les deux rois de la restauration. — Foire le 7 septembre. — Saint-Cloud n'est séparé de Boulogne que par un pont en pierre.

7. BOULOGNE. R. D.

Beau et grand village, très agréablement situé entre le bois qui porte son nom et la Seine. — Pop. 5,290 hab. — ✉ *dist.*

Ce village n'est séparé de Saint-Cloud que par la Seine, qu'on y traverse sur un fort beau pont de pierre de douze arches. Sous les rois de la première et de la deuxième race, il se nommait Menus-lez-Saint-Cloud; mais, en 1320, quelques habitans de ce lieu, à leur retour d'un pélerinage à Notre-Dame-de Boulogne-sur-Mer, firent bâtir auprès du village de *Menus* une église exactement semblable, dit-on, à celle qu'ils venaient de visiter, et qui reçut le nom de Notre-Dame de Boulogne-sur-Seine, puis de Boulogne-la-Petite; le village finit par retenir le nom de Boulogne. Cet édifice gothique fut achevé en 1343, et agrandi dans le siècle suivant. — Le village de Boulogne est un des plus remarquables des environs de Paris. Il est grand, percé d'une longue et belle rue, bien bâti, et se forme principalement de belles maisons de campagne, qui comptent parmi leurs agrémens les charmantes promenades qu'offrent le bois de Boulogne et la proximité du parc de Saint-Cloud. — Cambacérès y possédait une maison de campagne. — L'habile statuaire Lecomte est mort dans ce village en 1694. — Filature de coton. — Fabrique de cire à cacheter. — Vin et blé. — Commerce de porcs.

Bois de Boulogne. — Ce bois, dont l'étendue est d'environ 2000 arpens, portait jadis le nom de BOIS DE ROUVRAY. Les Parisiens obligés de le traverser pour aller à Boulogne, s'habituèrent à lui donner ce dernier nom, qui lui est resté. — De belles avenues, percées dans tous les sens, conduisent au Ranelagh pour la danse et le spectacle; à Auteuil, pour le bal choisi qui s'y tient; à Boulogne et Saint-Cloud, pour leurs fêtes brillantes, à Longchamp, non plus pour des prières dans une abbaye, qui est abattue, mais pour des luttes d'étalage et de luxe; à Bagatelle, joli château bâti par Bellanger pour le comte d'Artois (Charles X), et servant jadis de lieu d'exercice aux enfans de France; à *Madrid,* maison construite par François Ier en souvenance de sa captivité, et transformée en hôtellerie agréable pour les familles qui, le dimanche, vont dîner loin de leurs affaires et veulent se dégager de leurs soucis. — Charles IX avait eu l'idée de faire du bois de Boulogne un cimetière général pour la ville de Paris. Mais un système philosophique n'entrait peut-être pour rien dans les desseins du roi de la Saint-Barthélemy. — En 1815, les troupes anglaises sous les ordres du général Wellington, y établirent leur camp, et, pour se construire des baraques, rasèrent les taillis, les chênes séculaires, les arbres même des avenues de cette magnifique promenade. Plus de vingt ans se sont écoulés depuis cette époque, et le bois de Boulogne conserve encore les traces de cette dévastation. Depuis, des semis et des plantations ont eu lieu. Jamais cette promenade ne fut mieux entretenue qu'elle ne l'est à présent. Ce bois sert aussi de rendez-vous de chasse, d'amour, et de combat.

8. SURESNE-MONT-VALÉRIEN. R. G.

Villa. de l'arrond. de Saint-Denis. — Pop. 1,444. ✉ *dist.*

Charpentier, licencié de Sorbonne, aidé des libéralités de Richelieu et de Louis XIII, fit bâtir, sur cette montagne, une église de Sainte-Croix avec un logement pour la communauté de prêtres qu'il avait l'intention d'y fonder. — Il y avait là aussi, depuis long-temps des ermites qui avaient élevé trois croix sur lesquelles étaient Jésus-Christ et les deux larrons. — En 1663, ermites et prêtres, ennuyés de la vie retirée qu'ils menaient, vendirent aux Jacobins de la rue Saint-Honoré tout ce qu'ils possédaient au Calvaire. — Le chapitre de Paris, refusant d'approuver la transaction, il y eut une petite guerre, sur la montagne elle-même, pour la prise de possession par les Jacobins. Louis XIV se mêla de l'affaire, et un arrêt rendit les biens aux anciens possesseurs. — De nombreux pélerinages se faisaient autrefois au Calvaire; mais les désordres de ces voyages sous couleur de dévotion pendant la nuit du jeudi au vendredi saint, exigèrent des réformes qui furent arrêtées le 27 mars 1697. — Prêtres et ermites furent supprimés par décret du 18 août 1791. — Sous l'empire, des conspirateurs en soutane se réunissaient dans la maison qui était restée debout : Napoléon y envoya les grenadiers de la garde, et dans une seule nuit on arrêta les conspirateurs et on rasa la maison. Cependant Napoléon fit relever la maison avec plus de magnificence et la destina à une succursale d'Ecouen. — Les dévots de la restauration y avaient fait rétablir les trois croix, qui ont enfin disparu depuis la révolution de 1830.

9. PUTEAUX. R. G.

Village de l'arrond. de Saint-Denis. Pop. 2,026 hab. — ✉ *dist.*

Il est dans une agréable situation, au bas d'une côte qui borde la rive gauche de la Seine. — Il a des champs entièrement consacrés à la culture des roses. — Avant la révolution de 1789, la duchesse de Guiche et le duc de Grammont y avaient des maisons de campagne. Depuis, ce qu'on nomme le château de Puteaux a appartenu au duc de Feltre. — Dans une île formée par la Seine, au-devant de ce village, est une maison construite en 1679, que madame de Coaslin occupait il y a quelques années.

10. NEUILLY-SUR-SEINE. (R. D.)

Villa. Arrond. de Saint-Denis. Pop. — 5,603 hab. — ✉

C'était un port au XIIIe siècle. Il n'y avait encore qu'un bac en 1606. Henri IV ayant failli s'y noyer, en revenant de Saint-Germain avec la reine (le vendredi 6 juin 1606), ordonna la construction d'un pont que les eaux emportèrent en 1638. Louis XIII le fit relever, Louis XIV le fit rebâtir, et ses fondemens ayant été mal assis, ou le temps les ayant ruinés, Louis XV en fit construire un autre en pierre par l'ingénieur Perronet, un peu plus haut et qui fut terminé le 22 septembre 1773. Ce pont a 750 pieds de longueur; supporté par cinq arches qui ont chacune 120 pieds d'ouverture et 30 de hauteur sous clé, il est en parfait alignement avec la grande allée des Tuileries. En 1814, ce pont fut défendu par quatre-vingts invalides de la garde impériale, contre deux mille ennemis de toutes armes, et ne fut rendu qu'après les capitulations des maréchaux. — Ce village est bien bâti. — On y remarque la maison de campagne que le comte d'Argenson fit construire, en 1755, et qu'on nommait le château Ste-Foy à l'époque de la révolution. Elle a été acquise par le duc d'Orléans, aujourd'hui Le roi Louis-Philippe, qui y a fait des embellissemens et des agrandissemens considérables; il l'habite une partie de l'année: c'est là que les députés de 1830 lui remirent l'acte qui l'appelait au trône. On remarque encore dans ce village la maison ou château Saint-James, dernière habitation de la princesse Borghèse Pauline, sœur de Napoléon. En 1815, le duc de Wellington en fit son quartier général, et quand il en fut parti, ses troupes la mirent au pillage. Elle appartient aujourd'hui à M. Thiers, ministre des affaires étrangères. — Manufacture de tuls et de vitriol. — Presque tous les habitans sont blanchisseurs de linge. — Fête pat. le 1er dim. après le 24 juin.

11. COURBEVOIE. (R. G.)

Villa. situé sur des collines qui bordent la Seine, d'où l'on jouit d'une vue fort étendue. Arrond. de St-Denis — Pop. 1,934 hab. — ✉ *dist*

Avant 1789, ce village n'était qu'une annexe de Colombes.

Peu de villages aux environs de Paris, possèdent autant de jolies maisons de plaisance bâties entièrement en pierres. Parmi ces habitations, celle connue sous le nom de Château des Colonnes, créée par le fermier-général Poza, est une de plus agréables. Ce château se distingue par une gracieuse élégance, et l'architecture peut en être proposée comme un véritable modèle. Les jardins sont ornés d'une collection précieuse de statues et bustes en marbre. — La caserne de Courbevoie, construite sous le règne de Louis XV pour loger le régiment suisse, est la plus considérable des environs de Paris. — L'église paroissiale a été reconstruite presque en entier en 1789. Le style sévère de sa décoration, et les belles proportions du péristyle, peuvent faire considérer cet édifice comme un exemple des bonnes productions de l'art vers la fin du XIIIe siècle. — Il existait, avant la révolution, un peu au-delà de la chapelle de Courbevoie, un couvent dit des *Pénitens*, fondé en 1678, par J. B. Forna, ancien prévôt des marchands de Paris, et deux autres bourgeois de cette ville. — Le comte de Fontaine et le banquier Crémieux y ont laissé des maisons de campagne charmantes. — *Fabriques* de blanc de céruse, toiles peintes. Beau lavoir de laines. Distilleries d'eau-de-vie. — *Commerce* de bois, vins, eau-de-vie et vinaigre. — Le territoire est en terres labourables et vignes.

12. CLICHY-LA-GARENNE. (R. D.)

Villa. de l'arrond. de St.-Denis. — Pop. 3,109 hab. — ✉ *dist.*;

Presque entièrement composé de blanchisseurs. — Ce village est très-ancien. Les rois de la première race y avaient un palais que Clotaire II habitait quand son fils Dagobert s'y rendit, en 625, pour épouser Gomatrude, qu'il répudia quatre ans plus tard également dans cet endroit, où il se maria ensuite avec Nanthilde, qu'il avait tirée d'un couvent.

— Dagobert y fit son séjour le plus ordinaire, et il affectionnait tellement Clichy, qu'il engagea la plupart des hommes de sa cour à y bâtir des habitations. — Le 26 mai 627, Clotaire II convoqua dans son palais de Clichy un concile mixte, composé d'évêques et de laïques, pour régler les affaires du royaume. Deux autres conciles y furent encore convoqués en 636 et en 653. — Charles-Martel fit don de ce village à l'abbaye de Saint-Denis. — La construction de l'église paroissiale est due à l'illustre saint Vincent de Paul qui était curé de Clichy en 1612. Grimod de la Reynière, fermier-général, était seigneur de ce village en 1755. — C'est à Clichy que se tenait, pendant les années 1795 — 96 — 97, le fameux club dit la *Société de Clichy*, réunion d'un parti qui travaillait ouvertement à la contre-révolution, et qui fut anéanti par la révolution du 18 fructidor an V (4 septembre 1797).

Dans la journée du 30 mars 1814, les grenadiers et les chasseurs de la garde nationale parisienne se replièrent sur le village de Clichy, qu'ils tentèrent de défendre. Clichy fut livré aux troupes étrangères, qui, furieuses d'avoir été arrêtées si long-temps sous les murs de Paris, livrèrent cette commune au pillage. — *Fabrique* de céruse, dite de produits chimiques renommés, sel ammoniac, colle-forte, vernis, cordes à boyau, plomb laminé, tuiles de Bourgogne, teintureries et apprêts divers.

13. ASNIÈRES. (R. G.)

Ainsi nommé parce qu'on nourrissait un grand nombre d'ânes sur son territoire. — Arrond. de Saint-Denis. — Pop. 400 hab. — ✉ *dist.*

On y passe la Seine dans un bac. — Ce villa. eut des seigneurs. Un d'eux, Lemoine, docteur en Sorbonne, rebâtit l'église en 1700. Il tenta, mais en vain, de changer le nom d'Asnières en celui de Belle-Ile : les habitans s'obstinèrent à conserver le nom originaire. — Asnières possède plusieurs jolies maisons de campagne. — Entre ce village et Clichy est une petite île au centre de laquelle, en 1751, un Voyer-d'Argenson fit construire une maison charmante. Comme on travaillait à aplanir le terrain, on découvrit, à la profondeur de deux à trois pieds, dans le gravier d'alluvion, des squelettes humains, des bouteilles, des écuelles de terre rouge, et des agrafes de cuivre jaune portant des caractères romains du quatrième siècle.

14. SAINT-OUEN-SUR-SEINE. (R. D.)

Villa., arrond. de Saint-Denis. — Pop. 956 hab. — ✉

— On y passe la Seine sur un bac. — Le château que bâtit Lepautre, en 1660, pour la Seiglière de Boisfranc, chancelier du frère de Louis XIV; qui passa ensuite au duc de Gèvres et à madame de Pompadour; que Louis XVIII habita pendant quelques jours en 1814; que ce prince acquit du comte Vincent Potocki pour en faire hommage à madame du Cayla sa maîtresse, a été démoli en 1822. — La maison Ternaux est une des plus remarquables; bâtie en 1745, elle avait appartenu à Necker : on croit qu'elle remplace un lieu de plaisance du roi Dagobert et que c'est là que Jean Ier institua l'ordre de l'étoile en 1351. — Foire de trois jours le 24 août. — Commerce de porcs. — La culture principale du terroir est en asperges.

15. VILLENEUVE-LA-GARENNE.* (R G.)

Hameau dépendant de Guennevilliers. Il y a deux maisons de campagnes.

16. ÉPINAY-SUR-SEINE. (R. D.)

Villa. de l'arrond. de Saint-Denis. — ✉ — Le premier des écrivains qui aient parlé de ce lieu est Frédégaire, qui vivait dans le VIIe siècle; ce qui prouve l'ancienneté de ce village. Cet auteur dit que le roi Dagobert étant à Épinay-sur-Seine, y fut atteint du flux de ventre, et que de là on le transporta à St.-Denis, où il mourut peu de jours après. D'autres ont prétendu que ce fut à Épinay même que ce prince expira. Quoi qu'il en soit, on a cru, d'après le texte de ces vieux auteurs, que les rois de France avaient un palais dans ce lieu, ou au moins que c'était une terre du fisc. Ce qu'il y a de certain c'est que Dagobert, quelque temps avant sa mort, après avoir vaincu ses ennemis, se rendit avec ses deux fils Sigebert et Clovis à Épinay, où il harangua les grands de son royaume, et fit son testament en engageant ses enfans à s'y conformer. — Deux monumens du neuvième siècle font encore mention d'Épinay : l'un a rapport à un prétendu miracle qui y fut opéré; et l'autre à un partage des biens de l'abbaye de St.-Denis, dans lequel entre un clos de vigne qui y était situé. — L'ancienne église de cette paroisse menaçant ruine, fut abattue et reconstruite en pierres de taille par les soins du duc de Bourbon, prince de Condé, dans le siècle dernier, et la dédicace en fut faite le 21 avril 1743, par l'évêque de Bethléem. On lit dans l'histoire de l'abbaye de St.-Denis, que l'ancienne église avait été pillée jadis, ainsi que le village. — La terre d'Épinay appartenait, dès le commencement du douzième siècle, à la maison de Montmorenci. En 1416, Jeanne de Pillart la possédait, et fit hommage à une dame de Montmorenci de la haute justice *en toute la ville et terrouer d'Espigneul et d'Espignollet.* Jean Chart, lieutenant civil de la prévôté de Paris, était, en 1463, qualifié seigneur d'Épinay-sur-Seine. En 1640, Jacques de Charnu, maître des requêtes, porta le même titre, qui passa ensuite au marquis de Beauveau, et enfin au fermier-général La Live de Bellegarde. — Les Montmorenci, au temps qu'ils possédaient en partie Épinay, sur lequel l'abbaye de St.-Denis avait aussi des droits, eurent avec les moines de ce monastère de vives contestations. — Il y avait dans le treizième siècle, près d'Épinay, un orme célèbre, sous lequel se réunissaient les arbitres chargés de décider les différends qui s'élevaient entre les ducs et l'abbaye. — On trouve aujourd'hui, dans les environs de ce village, un grand nombre de maisons de campagne fort jolies, parmi lesquelles on remarque celle de madame de Montmorenci-Luxembourg, duchesse de Beaumont; de madame la marquise de Crosnier, de feu le comte de Laçépède, de feu le comte de Sommariva, et de M. Perrin le jeune. Cette dernière est sur le point le plus élevé, et les jardins charmans qui l'entourent en font un séjour délicieux. — On n'y voit aucun établissement industriel, si ce n'est pourtant la filature et le tissage de coton du château d'Ormesson, qui appartenait à M. de Sommariva.

III.

Aperçu statistique du département de Seine-et-Oise. — D'Argenteuil à Maisons-sur-Seine ou Laffitte, lieu d'embarquement.

Ce département tire son nom des rivières de Seine et d'Oise qui y coulent et s'y réunissent au-dessous de Pontoise. Il est borné au nord par le département de l'Oise; à l'ouest, par ceux de l'Eure et de l'Eure-et-Loir; au sud, par celui du Loiret; au sud et à l'est par celui de Seine-et-Marne. — La température est en général douce, variable et humide. L'air y est vif et sain, à l'exception de quelques endroits où les eaux sont disséminées sur un grand espace. Les vents dominans sont ceux du sud-ouest, du nord-ouest, du nord et du nord-est. Le département de Seine-et-Oise est compris dans le bassin de la Seine. La surface est assez montueuse et entrecoupée de collines et de coteaux; cependant on n'y trouve pas de montagnes qui méritent véritablement ce nom. L'aspect du pays est en général très varié; sur tous les points le département offre des champs cultivés, des enclos, de belles forêts, des parcs charmans, de riants villages, de magnifiques châteaux, et une quantité innombrable de maisons de campagne. Le territoire renferme des plaines étendues et fertiles en grains de toute espèce; les bords de l'Oise et de la Seine offrent de bonnes prairies et d'excellens pâturages. Le sol est, en général, fertile en toute sorte de grains et de fruit. L'agriculture n'y laisse presque rien désirer.

L'arrondissement de Versailles est traversé par la Seine qui y forme plusieurs contours, dans l'un desquels est resserrée la belle forêt de Saint-Germain. Il renferme plusieurs étangs où sont tenues en réserve les eaux qui alimentent les bassins de Versailles. On y trouve une belle manufacture de porcelaine, et plusieurs fabriques de toiles peintes, de châles-cachemires, etc.

L'arrondissement de Pontoise est arrosé par l'Oise, la Seine, la Marne, le Sausseron, la Viosne, la Crould, etc. Il est très fertile en grains et renferme plusieurs belles forêts.

L'arrondissement de Corbeil est traversé par la Seine, l'Yères, l'Essonne, l'Orge, etc. Il est en général peu fertile en froment, mais on y récolte beaucoup de menus grains, des foins et du vin médiocre.

Le sol de l'arrondissement d'Étampes est uni, et sablonneux. Il est traversé par la Juine et par l'Essonne, et est principalement fertile en grains, que l'on couvertit en farines dont il se fait un commerce considérable.

Le territoire de l'arrondissement de Mantes est mélangé de plaines et de coteaux fertiles en grains et en fruits de toute espèce.

Une grande partie de l'arrondissement de Rambouillet est sillonnée par une multitude de ruisseaux, qui se jettent dans l'Orge et dans la Mauldre. Le tiers de son étendue est couvert de forêts. Les principales productions consistent en blé, en bois et en pâturages.

Le département a pour chef-lieu *Versailles*. Il est divisé en 6 arrondissemens et en 36 cantons. On y compte 676 villages et hameaux, et 12 villes ou bourgs, formant en tout 688 communes. — Superficie 287 l. carrées. — Population 448, 180 habitans.

Minéralogie. Mines de fer oxidé, situées horizontalement au milieu de sables. Belles carrières de pierre à plâtre, de pierre de taille, et de moellon, de grès à paver, de pierres meulières, de craie, de marne, d'argile recherchée pour les fabriques de porcelaine.

Sources Minérales à Enghien, à Mont-Lignon, à Orgeval.

Productions. Froment, seigle, méteil, orge, sarrasin, avoine, en quantité plus que suffisante pour les besoins. — Légumes secs et potagers; fruits abondans; nombreuses pépinières; belles prairies et foins d'excellente qualité; — 20,000 hectares de vignes; — 72,521 hectares de forêts. — Grand et menu gibier. — Bon poisson. — Nombreux troupeaux de mérinos. — Elève en grand des chevaux, des porcs et de la volaille.

INDUSTRIE. Manufactures de toiles peintes, porcelaine, armes, draps, savon, colle-forte, acides minéraux, verreries, et quantité d'autres établissemens industriels importans.

COMMERCE considérable de grains, vins, eaux-de-vie, fruits, bestiaux, etc.

17. ARGENTEUIL. (R. D.)

Bourg considérable de l'arrond. de Versailles, chef-lieu de canton, siège d'une justice de paix. — ✉

Le parti d'Orléans ayant pillé la châsse, renversé les reliques du prieuré, enlevé les vases sacrés de la paroisse et brisé les fonds baptismaux, François Ier se décida à couvrir ce bourg d'une forte muraille, et ce fut alors que la population s'accrut. Il y a un siècle, elle était de 4,000 habitans; elle s'élève aujourd'hui à 5,442. L'industrie d'Argenteuil se borne à une grande exploitation de ses carrières de pierre à plâtre, dont continuent de s'approvisionner les pays de l'ancienne Normandie et l'Angleterre. — Son commerce consiste en fruits et bons légumes et en quelque peu de mauvais vin. On cite ses asperges, ses figues et ses lentilles. Il n'y a pas 60 ans que le vin d'Argenteuil, encore estimé, formait la principale branche de ses ressources commerciales.

Les vins d'Argenteuil ont une odeur désagréable qui provient des matières employées à l'engraissement des terres (la poudrette). — Ce bourg, placé près de la Seine où l'on a établi un bac, au milieu d'un territoire planté de vignes et varié par un grand nombre de jardins, mal pavé, assez mal bâti, était entouré de murailles flanquées de tours défendues par un fossé; il a conservé une partie de son enceinte qui embrassait 3/4 de l. dans son circuit. Ces murailles et ces tours avaient été élevées en 1544. Argenteuil avait 16 portes, 8 le long du port et 8 du côté de la campagne. — Ses murs renfermaient 4 monastères, les bernardins, les augustins déchaussés, les bernardines et les ursulines. Ce fut dans le couvent des bernardins, anciennement occupé par des religieuses, que la trop célèbre Héloïse entra en 1120; elle y fit profession et en devint la supérieure. Le savant abbé Fleury a été l'un des derniers prieurs commanditaires de cette abbaye, aujourd'hui détruite et remplacée par des vignes. Indépendamment de la *robe de* J.-C., ce monastère conservait le corps de Ste Catherine et des corporaux de S. Denis. On ne peut douter que l'église paroissiale ne soit fort ancienne; on a même lieu de croire que Clovis en fit jeter les 1ers fondemens en 501, et cependant une inscription en lettres gothiques apprenait que la dédicace ne s'en fit que le 17 août 1449; elle était sous l'invocation de S. Denis. Les protestans, dit-on, essayèrent de brûler cette église en 1567. — Il y a à Argenteuil un hôpital qui a survécu aux orages de la révolution. Il avait été fondé par saint François de Paul pour 12 lits; un bureau d'administration le régissait. Louis XIV, par ses lett.-pat. du mois d'octobre 1697, enregistrées au parlement le 13 février 1699, réunit à cet hôpital les biens et revenus des maladreries de Franconville, près Cormeilles, de la chapelle de St.-Marc, en dépendant, et de la maladrerie de St. Leu-Taverny. — Le ministre qui dirigeait la marine sous Napoléon, le comte Decrès, possédait l'ancien château du *Marais*, situé à 1/4 de l. d'Argenteuil, entre ce bourg et Bezons. Ce château fit partie des domaines de l'abbaye de St.-Denis, comme chef-lieu du prieuré d'Argenteuil, et appartint au célèbre Mirabeau. Ce fut là, en 1789, que cet orateur réunit les membres de l'assemblée nationale qui, comme lui, voulaient établir en France une monarchie constitutionnelle. Decrès en avait fait un lieu très remarquable. — Palissot et Cadet de Vaux avaient des propriétés à Argenteuil. Jacques de Vitry, auteur d'une *Histoire des Croisades*, y náquit.

18. COLOMBES. (R. G.)

Les sinuosités de la Seine nous forcent à placer ici ce village, quoiqu'il appartienne au départ. de la Seine, arrond. de St.-Denis. — Pop. 1,649 hab. ✉ *dist.* — Son existence ne remonte qu'au XIIIe siècle, quoique la tour de son église, qui est vers le nord, semble remonter au XIIe. — Alors ce village appartenait à l'abbaye de St.-Denis. — L'église est sous le titre de St.-Pierre et St.-Paul. — Cette église est une de celles où s'était établi l'usage de faire chaque année, le 1er jour de mai, une procession à travers les vignes, et d'y porter le St.-Sacrement pour les préserver des vers. Plus tard les exorcismes parurent plus convenables. — Ce village était autrefois entouré de murs. Ses habitans furent, en 1248, compris dans l'affranchissement que firent les abbés de Saint-Denis. — La communauté de St.-Cyr succéda dans la seigneurie de ce lieu à l'abbaye de St.-Denis. — Le château, appelé autrefois le *grand château* pour le distinguer d'un second qu'on nommait le *petit château*, existait encore à l'époque de la révolution; mais en 1795 il fut rasé, et les matériaux furent vendus pour payer à la nation les frais de l'acquisition. Henriette-Marie de France, 5e fille de Henri IV, douairière d'Angleterre, faisait sa demeure ordinaire dans ce grand château; elle y mourut subitement le 10 septembre 1669, âgée de 60 ans. Le petit château a appartenu à un particulier qui en a fait une charmante propriété. Madame la princesse de la Moscowa (la maréchale Ney) en fit l'acquisition, et y a demeuré quelque temps. Parmi le grand nombre de maisons de campagne qui embellissent ce village, il faut distinguer celle qui a long-temps appartenu au baron Corvisart, premier médecin de Napoléon, et connue sous le nom de la *Garenne*. — Aujourd'hui Colombes est l'une des communes les plus considérables du départ. de la Seine. Le sol est d'une grande fertilité dans toute l'étendue de son territoire, renfermé dans le second coude que forme le fleuve, en s'éloignant de Paris. — Un beau moulin, que l'on voit à l'extrémité orientale du village et non éloigné de l'église, porte également le nom de Colombes.

19. BEZONS. (R. D.)

Villa. de l'arrond. de Versailles. Il remonte à la plus haute antiquité. — Pop. 584 hab. — Bur. de p. d'*Argenteuil*. L'abbé Lebeuf met Bezons au nombre des lieux où l'on a battu monnaie, à la suite de nos rois de la 1re race, puisqu'en effet il se trouve des pièces de ce temps-là. — Ce village, malgré son antiquité, n'est pas peuplé. Il n'y avait encore que 12 maisons en 1470. En 1381, les hab. de Bezons plaidèrent afin d'être déchargés du *guet* pour le château de Saint-Germain. En 1404, Charles IV les exempta du *droit de prises*, en vertu duquel les *chevauchées et preneurs royaux* enlevaient des maisons des habitans les meubles et les denrées qui s'y trouvaient, sans les payer, pour le service de la cour, exaction à laquelle Paris et plusieurs autres villes de France étaient assujéties. Les habitans furent délivrés de ce brigandage, à condition qu'ils amèneraient chaque année à Paris 4 charrettes de feurre ou de paille. — En 1196, *Hugues Foucault*, abbé de St.-Denis, fit acquisition du port de ce lieu, que lui vendit *Hugues de Meulan*, prévôt de Paris. — La foire de Bezons s'ouvre tous les ans, le dimanche après la St.-Fiacre. — Autrefois des cavalcades de masques y venaient de Paris, pour danser et s'y faire remarquer de la foule qu'y rassemblaient à la fois la beauté du lieu et l'agrément de la saison. — Le maréchal de Bezons y avait fait bâtir un château qui subsiste encore. Le parc, aboutissant au pont, est fermé par une superbe grille. On y voit encore quelques jolies maisons de campagne, dont l'une, entr'autres, offre une particularité assez singulière. On a bâti, dans le parc qui en dépend, un moulin à vent, dont le mécanisme sert à élever et distribuer des eaux jaillissantes pour le service intérieur de la maison et celui du jardin. — Bezons, ancienne seigneurie, avait un pont en charpente, sur piles en pierres: il fut construit en 1800 : sa longueur était de 540 pieds sur 30 de large. Le 28 juin 1815, les troupes françaises le brûlèrent pour défendre à l'ennemi l'approche de la capitale. Il a été rétabli depuis. — Le sol est sablonneux et caillouteux, ce qui le rend propre à la culture de la vigne et des asperges, qui est en effet la principale occupation de ses habitans. — Ce fut à Bezons, le 9 septembre 1781, que mourut, à l'âge de 62 ans, le célèbre Villepatour, officier d'artillerie.

20. CARRIÈRES-SAINT-DENIS. (R. D.)

Villa. ainsi nommé, parce qu'il appartenait autrefois à l'abbaye St.-Denis. — Pop. 300 hab. — Bur. de p. de *Saint-Germain-en-Laye*. — Il était déjà considérable au XIII siècle. — On voyait encore, vers 1750, les restes d'un vieux château, en forme de forteresse, qui était autrefois un manoir royal. Plusieurs ordonnances de Philippe-le-Bel et de Philippe-de-Valois sont datées de l'*hôtel des Carrières*. — L'église est solidement bâtie; on y descend par huit ou dix marches. Le chœur parait être du XIIIe siècle. Cet édifice est presque carré. — Ancien lieu de bailliage avec haute, moyenne et basse justice. — On y cultive la vigne et l'on y recueille beaucoup de figues. — Ses carrières sont composées de bancs calcaires, dans lesquels, et au milieu de marnes supérieures, on trouve un lit de quartz blanc carié, dont les cavités sont tapissées de petits cristaux de quartz blanc et de chaux carbonatée.

21. CHATOU. (R. D.)

Vill. de l'arrond. de Versailles. — Pop. 1,000 hab. — ✉ *dist.* — L'église n'a de remarquable que son clocher dont la construction paraît remonter au XIIe siècle. — Le château, ancienne demeure seigneuriale, a été rebâti à la moderne. On voit dans le parc une magnifique terrasse qui s'étend le long de la Seine, une grotte charmante construite sur les dessins de Soufflot, et une vaste pièce d'eau. — Ce village possède de jolies maisons de campagne.

— En 1560, on y passait la Seine dans un bac, et en 1726 sur un pont en bois qui fut réparé avec beaucoup de soin en 1812. — *Bois de Chatou.* Autrefois nommé *Garenne du Vésinet*, il a aussi porté le nom de *Bois de la Trahison*, parce que, selon la tradition, le preux Rolland y a été assassiné par le traître Ganelon. Pasquier, qui rapporte cette tradition, ajoute qu'il y existait une mare où, si d'un certain côté on jetait une branche d'arbre, elle tombait aussitôt au fond, comme une pierre; tandis que, de l'autre côté, elle surnageait comme sur toute pièce d'eau. Il s'étend, en longueur, de Croissy à Montesson, et en largeur, de Chatou au Pecq. — Ce bois est assis sur un plateau calcaire, recouvert de *sable* ou *limon d'atterissement*, semblable à celui du bois de Boulogne.

22. CROISSY. (R. D.)

Vill. de l'arrond. de Versailles. — Pop. 560 hab. — Bur. de p. *de Chatou.* — Au temps de Philippe-le-Hardi, l'église possédait les reliques de saint Léonard, ce qui attirait un grand concours de pélerins. Cette église est très ancienne. — L'abbé de Vertot était curé de Croissy en 1689; c'est là qu'il écrivit son *histoire des révolutions de Portugal.* — Il y a un château et de belles maisons de campagne (Voy. *Malmaison*).

23. MALMAISON. (R. D.)

Château de la dépendance de Ruel. Il n'a rien de remarquable sous le rapport de l'architecture. On y entre par un porche en forme de tente, servant de premier vestibule. Un second vestibule, décoré de quatre colonnes, divise l'édifice en deux parties : d'un côté se trouvent le salon, la salle de billard et la galerie; de l'autre la salle à manger, la salle du conseil et le cabinet. L'étage supérieur est distribué en appartemens. Ce château devint, en 1793, la propriété de Mme Bonaparte, qui devait atteindre à de si hautes destinées. Ses goûts simples et purs l'engagèrent à faire embellir les jardins qui, sous ses yeux, devinrent bientôt un véritable lieu de délices; par ses soins, une serre magnifique, une ménagerie et une école d'agriculture y furent établis. Le jardin de botanique contient les plantes les plus rares; la ménagerie renfermait tous les animaux terrestres, aquatiques et volatils qui peuvent vivre dans notre hémisphère: l'école d'agriculture était consacrée à des expériences utiles. — La Malmaison avait fait les plus chères délices de Joséphine pendant la période de sa grandeur: après sa déchéance, elle fit sa plus douce consolation. Cette femme célèbre y mourut empoisonnée, a-t-on dit, mais généralement regrettée de tous ceux qui ont eu le bonheur de l'approcher ; elle est enterrée à Ruel, où un monument très simple indique sa dernière demeure.

La Malmaison n'était encore qu'une grange au commencement du XIIIe siècle. On l'appelait *Mala Domus*, parce que c'était un des lieux où les Normands débarquèrent au IXe siècle, auxquels les habitans donnèrent des noms de malédiction, comme à Croissy et la Chaussée. Après avoir été long-temps une habitation obscure, la Malmaison était devenue un des châteaux et des parcs les plus agréables des environs de Paris, à l'époque de la révolution de 1789. Vendue à titre de bien national, en 1792, elle fut acquise par Lecoulteux de Canteleux, banquier, puis sénateur. Celui-ci la céda à Joséphine, qui, pendant l'absence de son mari, y donna souvent des fêtes brillantes. — C'est là que furent préparés tous les ressorts de la révolution du 18 brumaire. — C'est là que se rendit Napoléon, le lendemain de son abdication de 1815. — Le 1er juillet 1815, les Prussiens et les Anglais pillèrent, dévastèrent la Malmaison. — Cette propriété, échue en héritage au prince Eugène et à la reine Hortense, fut vendue ensuite, en leur nom, une ordonnance de Louis XVIII ayant commandé à tous les membres de la famille impériale de se défaire de leurs propriétés en France.

24. LA CHAUSSÉE. (R. G.)

Hameau de l'arrond. de Versailles. — Pop. 260 hab. — Bur. de p. de *Ruel*. Il doit son origine à une pêcherie que fit construire dans la Seine Charles-Martel, et qui, en l'an 827, fut donnée, par Louis-le-Débonnaire, au monastère de St.-Germain-des-Prés. Connu, dès le IXe siècle, sous le nom de *Charlevanne*, ce hameau était fort considérable. Il est situé sur le bord de la rivière, et on trouve dans l'histoire que ce fut dans ce lieu que les Normands, qui avaient remonté la Seine, opérèrent un débarquement en 846. Le roi Charles-le-Chauve accourut pour les combattre et les repousser. A son approche, les Normands se retirèrent en effet, et repassèrent de l'autre côté de la Seine, à l'endroit où se trouve maintenant Chaton. En 1122, Louis-le-Gros voulait faire construire, dans ce lieu, un château ou une forteresse, pour empêcher ses ennemis de venir faire des courses près de Paris ; « mais Robert, moine de Coulombs, résidant au prieuré de St.-Germain-en-Laye, vint lui remontrer qu'en bâtissant un fort en cette place, il diminuerait le don qu'avait fait le roi Robert, des dîmes de vin à ce prieuré, et le roi changea de dessein. » Ainsi toute une province fut exposée aux ravages, afin que les moines de St.-Germain pussent continuer à boire le même nombre de coups. En 1546, les Anglais s'emparèrent, à leur tour, de Charlevanne, le pillèrent et le brûlèrent. Nos rois avaient de grands vignobles à Charlevanne. Il y avait aussi une maladrerie où 15 paroisses avaient le droit de placer leurs malades. On trouve, dans ce hameau de la Chaussée, un vieux château qui porte le même nom. Il n'est remarquable que par son antiquité et par le séjour qu'y a fait Gabrielle d'Estrées, qui en était propriétaire au temps de ses amours avec Henri IV. Ce château, bâti en briques, appartenait à M. Ouvrard, qui l'a vendu, depuis la campagne d'Espagne, à M. Follope.

25. BOUGIVAL. (R. G.)

Vill. de l'arrond de Versailles. — Pop. 1,057 hab. — Bur. de p. *de Ruel.* — Vignes et fruits. — Carrière de pierre. — Fours à chaux et à plâtre. — Fabriques de blanc d'Espagne et d'aciers damassés fort estimés. — L'église est d'une construction antique. Elle est petite, mais solidement bâtie; le chœur paraît être de la fin du douzième siècle. Dans le bout occidental de l'aile méridionale était autrefois le tombeau de Rennequin Sualem, qui, sans instruction aucune et par la seule inspiration de son génie, inventa et fit exécuter la machine de Marly. Sa pierre tumulaire portait une épitaphe qui faisait connaître que Sualem mourut le 29 juillet 1708, âgé de 64 ans. Lorsqu'au commencement de la révolution, l'église fut vendue, la famille de Sualem enleva cette pierre, que la veuve Philibert, de Marly-la-Machine, a fait poser contre le mur d'une salle de son cabaret. Les anciens monumens fournissent peu de chevaliers de Bougival. Il y en eut un au temps de Louis IX, vers 1226, qui se nommait Adam de Bougival, et quelquefois de *Bachivalle*. Les seigneurs de Marly paraissent avoir joui alors de Bougival. Le comte d'Assy en était seigneur en 1683, époque à laquelle lui et sa femme la vendirent à Louis XIV. — Parmi les maisons de plaisance, on remarque celle de la famille Boissy-d'Anglas. — L'historiographe Garnier s'était retiré dans ce village. Sualem y naquit, et y mourut de misère.

26. MARLY-LA-MACHINE. (R. G.)

Villa. de l'arrond. de Versailles. — Pop. 690 h. — Tient son nom de l'ancienne machine que Rennequin Sualem commença d'y construire en 1676, et qui fournissait vingt-un mille muids par jour. Elle avait coûté deux millions. Son entretien exigeant une dépense annuelle de quatre-vingt-mille francs, différens projets d'une construction nouvelle furent présentés, et celui de M. Périer, obtint la préférence en 1812.

26. MARLY. (R. G.)

Bourg de l'arrond. de Versailles. — Pop 1,500 hab. Bur. de poste de *Saint-Germain-en-Laye.* —Siège d'une justice de paix. — Connu dès 676 par deux chartes de Thierry Ier. Louis XIV y fit élever un château que tous les arts furent appelés à embellir. Il était accompagné de douze pavillons somptueux. Un établissement industriel existe là où Louis XIV réunissait la cour la plus brillante de l'Europe.

27. LE PECQ. (R.G.)

Villa. arrond. de Versailles, — Pop. 950 hab. Bur. de p. de *Saint-Germain-en-Laye.* — Vignes. — Tanneries, manufacture de cuirs, fabrique de colle, eaux minérales. — Situé sur la pointe d'une montagne rapide, contigu à la Seine, que l'on passe sur un pont. — Semble former un faubourg de St.-Germain. — Ce village était connu dès le VIIe siècle. Childebert III en donna la seigneurie, en 704, à l'abbé de Saint-Vandrille, donation confirmée, en 845, par Charles-le-Chauve. En 1596, Henri IV l'affranchit de toute imposition, ce qui ne dura que jusqu'en

1688. En 1815, les Prussiens se présentèrent au Pecq ; des ouvriers avaient été placés pour rompre le pont, afin de leur empêcher le passage : Martainville, entraîné à une action coupable par son dévoûment aux Bourbons, amusa les ouvriers en les faisant boire, et les Prussiens passèrent !

28. St. **GERMAIN-EN-LAYE.** (R. G.)

Arrond. de Versailles. — Pop. 10,671 hab. — Chef-lieu de canton. — Justice de paix. — Brigade de gendarmerie. — ✉ 🐎 — Jolie ville et ancien château royal. Saint-Germain-en-Laye est dans une belle situation sur une colline élevée, près de la belle forêt de son nom. Elle est bien bâtie, les rues sont larges, bien pavées, mais percées irrégulièrement. On y voit trois places publiques : celle du Château, qui est vaste et assez régulière, la place Royale et la place de Pontoise. — L'origine de Saint-Germain remonte au XIe siècle. Vers l'an 1,010, le roi Robert y fonda une église. Louis-le-Gros y avait, en 1124, un château royal que les rois ses successeurs firent augmenter et embellir. François Ier fit réparer ce château et y fixa sa résidence. Henri IV, qui se plaisait beaucoup dans ce lieu, ordonna la construction d'un nouveau bâtiment, qu'on appela le château neuf. Louis XIII y vécut. C'est à Louis XIV que l'on

St. Germain en Laye

vastes des environs de Paris, est ceinte de murs et contient plus de 5,550 arpens. Le parc qui joint le château a une étendue de 350 arpens.

29. **CARRIÈRES.** (R. D.)

Hameau de l'arrond. de Versailles. — Voy. le Mesnil.

30. **LE MESNIL.** (R. G.)

Ce village est de l'arrond. de Versailles, et forme, avec le hameau de *Carrières-sous-Bois*, une pop. de 550 hab. — Bur. de p. de *Saint-Germain-en-Laye*. — Vignes.

Maisons - Laffitte.

IV.

De MAISONS, lieu d'embarquement, à GIVERNY.

31. MAISONS-SUR-SEINE (ou LAFFITTE.) (R. G.)

Villa. de l'arrond. de Versailles. — Pop. 918 h. Bur. de p. *de Saint-Germain-en-Laye.* — Vignes. — Le Château, chef-d'œuvre de François Mansard, a été bâti, en 1650, par les ordres du président de Maisons, Surintendant des finances. Il appartint au duc de Montebello; M. Laffite le possède aujourd'hui. Avant la révolution, il faisait partie des domaines du comte d'Artois (Charles X); Louis XVI et Marie Antoinette y avaient chacun un appartement. Les jardins et le parc sont d'une grande étendue. Ce village est entouré par la forêt de Saint-Germain.

32. HERBLAY. (R. G.)

Villa. de l'arrond. de Versailles — Pop. 1,564 hab. y compris le *Val* qui est le long de la rive droite de la Seine. — Bur. de p. de *Franconville*. — Vignes et fruits. On y trouve beaucoup de carrières de pierre à plâtre. — Le Château, autrefois Seigneurial, est d'une ancienne construction; le parc d'environ 50 arpens clos de murs, renferme de jolis bosquets.

33. CONFLANS-SAINTE-HONORINE. (R. G.)

Grand vill. de l'arrond. de Versailles. — Pop. 1,654 hab. — Vignes et fruits. — Carrières de pierre de taille et moëllons. Bur. de p. de *Pontoise*. On y passe la Seine sur un bac. — Conflans renfermait un Prieuré dont le prieur, par un ancien privilège, était Seigneur du lieu pendant 48 heures seulement dans l'année, c'est-à-dire à compter de la veille de l'ascension à midi jusqu'au lendemain de cette fête à midi. Dans l'espace de ces 48 heures, la châsse de Sainte-Honorine était exposée, et le jour de l'ascension on faisait une procession solennelle dans la paroisse, en l'honneur de cette Sainte. — Un usage bizarre imposait à chaque cabaretier de ce lieu, dès que la châsse avait été remise à sa place ordinaire, l'obligation de porter au Prieuré une pinte de vin, que l'on nommait *la pinte aux Ribaux*; ceux qui y manquaient étaient, après le service funèbre célébré le lendemain de cette fête, condamnés à une amende.

34. ANDRESY. (R. G.)

Villa. de l'arrond. de Versailles — Pop. 924 hab. — Bur. de p. de *Triel*. — Vignes, carrières de pierre et moëllons — Son nom latin *Andresiacum*, vient de *Andertianum*, qui était un lieu situé auprès du confluent de l'Oise et de la Seine, et où les Romains entretenaient une flotte pour contenir les peuples de ces pays. Cette étymologie donnerait à ce village une grande antiquité. — La construction de l'église remonte au XIIIe siècle; elle est fort jolie, on y voit des galeries très élégantes, et son clocher, placé au portail de l'église, est un des plus distingués des environs de Paris par son architecture hardie. Cette église appartenait de temps immémorial au chapitre de Notre-Dame de Paris. Ce chapitre y possédait quelques fiefs seigneuriaux, entr'autres à Neurecourt, où l'on assure que les rois de la premiere race avaient un château dans lequel Childebert III rendit une ordonnance en 710. — On voit encore à Andrésy des restes de portes et des ruines de tours qui annoncent que ce lieu était autrefois très considérable. — Ce fut l'un des villages choisis pour tenir des conférences au sujet de la conversion de Henri IV en 1592. — Andrésy avait autrefois un Château.

35. ACHÈRES. (R. G.)

Villa. arrond. de Versailles. — Pop. 450 hab. — Bur. de p. de *Poissy*. — Commerce de grains.

36. CARRIÈRES-SOUS-POISSY. (R. D.)

Carrières-les-Poissy. Villa. arrond. de Versailles. — Pop. 450 hab. — Bur. de p. de *Poissy*. — Vignes. — Le Château des Champs-Fleuri, dont le parc, enclos de murs, contient 100 arpens, est dans sa dépendance. Ce château appartenait à madame la comtesse de Boisgelin.

Poissy

37. POISSY. (B. C.)

Petite Ville fort ancienne, chef-lieu de canton, arrond. de Versailles. — Pop. 3.000 hab. — ✉ — Le sol des alentours de Poissy consiste en terres labourables et *prairies*. —Son antiquité est prouvée par plusieurs titres. Dès l'an 868, il fallait que ce fut un endroit considérable, car Charles II, dit le chauve, y tint cette année-là une assemblée nationale des grands et des prélats du royaume. — Le roi Robert, fils de Hugues Capet, qui monta sur le trône en 997, avait une *maison* ou *hôtel de campagne à Poissy*, et Constance sa femme, dont l'atroce caractère lui causa tant de chagrins, en avait une autre à côté de la sienne. — Les successeurs de Robert ont continué d'habiter quelquefois le château de Poissy. Louis IX y naquit le 24 avril 1215, et ce pieux monarque conserva toujours une tendre prédilection pour ce lieu de sa naissance. En écrivant à ses amis, il aimait à signer Louis de Poissy ou Seigneur de Poissy. « J'imite les empereurs romains, disait-il naïvement, qui prenaient les noms des lieux de leurs victoires. C'est à Poissy que j'ai triomphé de l'ennemi le plus redoutable; j'y ai vaincu le diable par le baptême que j'y ai reçu. » — Ce fut Louis IX qui fit construire le pont de pierre qui existe aujourd'hui. Pour achever de favoriser Poissy, il y établit le grand marché de bestiaux destinés à l'approvisionnement de la Capitale. — Napoléon, ayant décrété l'érection d'un où plusieurs dépôts de mendicité par chaque département, celui de Seine-et-Oise a été fixé à Poissy. — L'aspect de cette ville est triste et sombre, elle est d'ailleurs très mal bâtie, encore plus mal pavée et très mal propre ; ce qu'on attribue au passage continuel des bestiaux que l'on y amène pour la consommation des parisiens. — Le marché se tient le jeudi de chaque semaine. Une caisse, modèle de ce que peut, en fait de police, une administration sage, est établie à Poissy, au compte et au profit de la Ville de Paris. Elle est instituée pour payer au comptant aux marchands de bestiaux le prix de tous ceux qu'ils vendent aux bouchers de Paris et du département de la Seine, et pour avancer aux bouchers le montant de leurs achats, jusqu'à concurrence du crédit ouvert à chacun d'eux par le préfet de la Seine. — Outre ce marché principal, il se tient à Poissy deux autres marchés ordinaires, l'un le mardi, l'autre le vendredi de chaque semaine.

38. VILLAINES. (R. G.)

Villa. arrond. de Pontoise. — Pop. 128 hab. — Bur.

de p. de *Moisselles.* — Vignes et fruits; prairies et terres labourables. — La terre de Villaines appartenait au président Gilbert-des-Voisins.

39. **MEDAN.** (R. G.)

Villa. arrond. de Versailles. — Pop. 200 hab. Bur. de p. de *Poissy.* — Vignes et fruits. — Il y a un château et un très beau parc.

40. **VERNOUILLET.** (R. G.)

Villa. arrond. de Versailles. Pop. 900 hab. — Bur. de p. de *Poissy.* — Vignes et fruits en abondance. — Ce Village, situé sur l'une des collines qui bordent la Seine, n'est remarquable que par son château.

41. **VERNEUIL.** (R. G.)

Villa. de l'arrond. de Versailles. Pop. 577 hab. — Bur. de p. de *Poissy.* — Vignes et terres labourables. — Il y a un château dont la position est charmante sur l'une des collines qui bordent la Seine. Il est environné de superbes avenues et de fort beaux bois. Il appartient à madame Morfontaine, fille de M. Lepelletier de Saint-Fargeau. — Il y a deux maisons de campagne dont l'une est l'ancien Fief du *petit Bazinval.*

42. TRIEL. (R. D.)

Bourg de l'arrond.de Versailles. — Pop. 1,809 hab. — — Vignes, fruits de toutes espèces, — Pierre à plâtre, grès et moëllons. — Ce bourg est dans une belle situation, sur la Seine, que l'on passe dans un bac : avant la révolution la princesse de Cônti y était propriétaire du château qui a été démoli. Il y existe un hospice civil desservi par des sœurs de la Charité.

43. VAUX. (7 L. 3/4. N. O.) R. D.

Villa. arrond. de Versailles. Pop. 1050 habit. *distrib.* — Terres labourables, vignes et bois. Les petits pois y sont très précoces ainsi que les fruits rouges, qui se transportent dans leur primeur à Paris. — Ses trois carrières à plâtre excitent la curiosité par la manière dont elles sont creusées et par leur étendue : une partie des pierres qui en proviennent sont embarquées sur la Seine, et transportées dans différens départemens du royaume. — Ce village, situé au pied des montagnes qui bordent la Seine, est traversé dans toute sa longeur par la grande route de Paris à Caen. On y voit un château et plusieurs maisons de campagne. — Ce château est remarquable par son antiquité, et parmi les maisons de campagne on en distingue particulièrement une, tant par sa construction moderne que par son jardin distribué à l'anglaise, à travers duquel circule un ruisseau qui a sa source sortant d'un très beau rocher.

44. MEULAN. (R. G.)

Petite ville de l'arrond. de Versailles. — Chef-lieu de canton. — Pop. 1900 hab. — ✉ *dist.* — Vignes et prairies. *Fabriques* de cardes, draps, cuirs, produits chimiques. Filature de laines. Tanneries. Moulins à farine, carrières de pierre à plâtre. — Foire le 28 octobre. — Cette ville, bâtie en amphithéâtre au bord de la Seine, que l'on passe sur un très beau pont, a été l'apanage d'un fils de France, nommé comte de Galleran II, et de plusieurs reines de France. Elle était fortifiée et opposa pendant les guerres civiles une résistance opiniâtre aux troupes du duc de Mayenne, qui durent lever le siège. — Cette ville est divisée en deux parties, l'une dans l'île, appelée le fort, nom provenant de l'ancien fort qui défendait la vallée de ce côté ; il n'en reste plus rien aujourd'hui ; l'autre sur terre ferme. — Il y avait un bailliage et un grenier à sel. — Outre son église paroissiale, on y trouvait une abbaye de bénédictins et des couvens de récollets, bénédictines et d'annonciades. l'Hôpital était desservi par des religieuses. — Patrie de l'historien J. Rouillard et de l'académicien Garnache. — C'est en face de Meulan qu'est l'Ile-Belle, où l'abbé *Bignon* bibliothécaire de Louis XV, réunissait jadis les muses et les grâces. Il en avait fait une île enchantée. — Louis XV ne dédaignait pas de l'y visiter. Un jour, égaré à la chasse, il se présenta seul au batelier pour passer à l'Ile-Belle. « l'Abbé y est-il ? dit le roi. — l'Abbé ! répond le batelier, il est bien assez monsieur pour vous apparemment. » Louis XV se vanta de la leçon. — Il y a deux assez bonnes auberges, l'hôtel de sa *Majesté*, et celui des *Trois-Maures*.

45. MEZY (R. D.)

Villa. arrond. de Versailles. — Pop. 527 hab. — Bur. de p. de *Meulan*. — La terre de *Mezy* est une ancienne seigneurie, le parc borde la grande route. Plus haut est une autre assez jolie maison de campagne.

46. JUZIERS. (R, D.)

Commune de l'arrond. de Mantes. — Pop. 1050 hab. — Bur. de p. de *Meulan*. — Terres labourables, vignes et bois. On remarque sur cette route deux maisons de campagne, l'une à Juziers-le-Bourg, autrefois seigneurial; et l'autre à Juziers-la-Ville, nommée la *Sergenterie*, ci-devant Fief, appartenant jadis aux évêques de Chartres.

47. **MÉZIÈRES.** (R. G.)

Villa. de l'arrond. de Mantes — Pop. 991 hab. — Bur. de p. d'*Epône*. — Terres labourables, prairies et vignes; on y cultive beaucoup de légumes. — Ce village et son château sont dans une belle situation, sur l'une des collines qui bordent la Seine.

48. **PORCHEVILLE.** (R. D.)

Villa. de l'arrond. de Mantes. — Pop. 250 hab. — Bur. de p. de *Mantes*. — Terres labourables, vignes et bois.

49. **LIMAY.** (R. D.)

Bourg de l'arrond. de Mantes. — Ch.-l. de cant. — Pop. 1296 hab. — Bur. de p. de *Mantes*. — *Commerce* de vin et de légumes pour l'approvisionnement de Paris. — Ce bourg, situé au pied d'une montagne, sur la grande route de Paris à Caen, n'est séparé de Mantes que par la Seine, que l'on y passe sur deux ponts à cause d'une île que cette rivière y forme. Tout près de Limay, est l'hermitage St.-Sauveur, dont la chapelle et l'habitation sont taillées dans le roc : le 6 août, il s'y fait un pélerinage qui attire un grand concours de monde. — Ce bourg n'est pour ainsi dire qu'un faubourg de Mantes.

50. MANTES, R. G.

Petite ville surnommée la *Jolie*, ch.-l. de S.-Préf. et de cant., ayant tribunal de première instance, conservation des hypothèques, sous-inspection des forêts, recette particulière. — Pop. 4,188 h. — ✉ — Elle est bâtie dans une situation charmante sur la Seine, qui la sépare du bourg de Limay, avec lequel elle communique par deux beaux ponts, construits par le célèbre Perronet. Les rues sont propres, bien percées et ornées de plusieurs fontaines. L'église Notre-Dame qui fixe les regards de fort loin, puisqu'on la découvre à 9 lieues de distance, bien qu'elle ne soit point placée dans la partie supérieure de la ville, est un monument gothique : elle se distingue extérieurement par la hauteur et la délicatesse de ses deux tours, intérieurement par sa nef, élevée de quatre-vingt-dix-neuf pieds sous clé de voûte et par la prodigieuse largeur des galeries qui, régnant au-dessus des bas côtés dans le pourtour de la nef, forment comme une seconde église. L'aspect lointain de ce haut édifice le fait prendre pour une cathédrale. La tour de St. Maclou, dont l'église n'existe plus, a été conservée comme monument. Son extrême légèreté est bien supérieure à

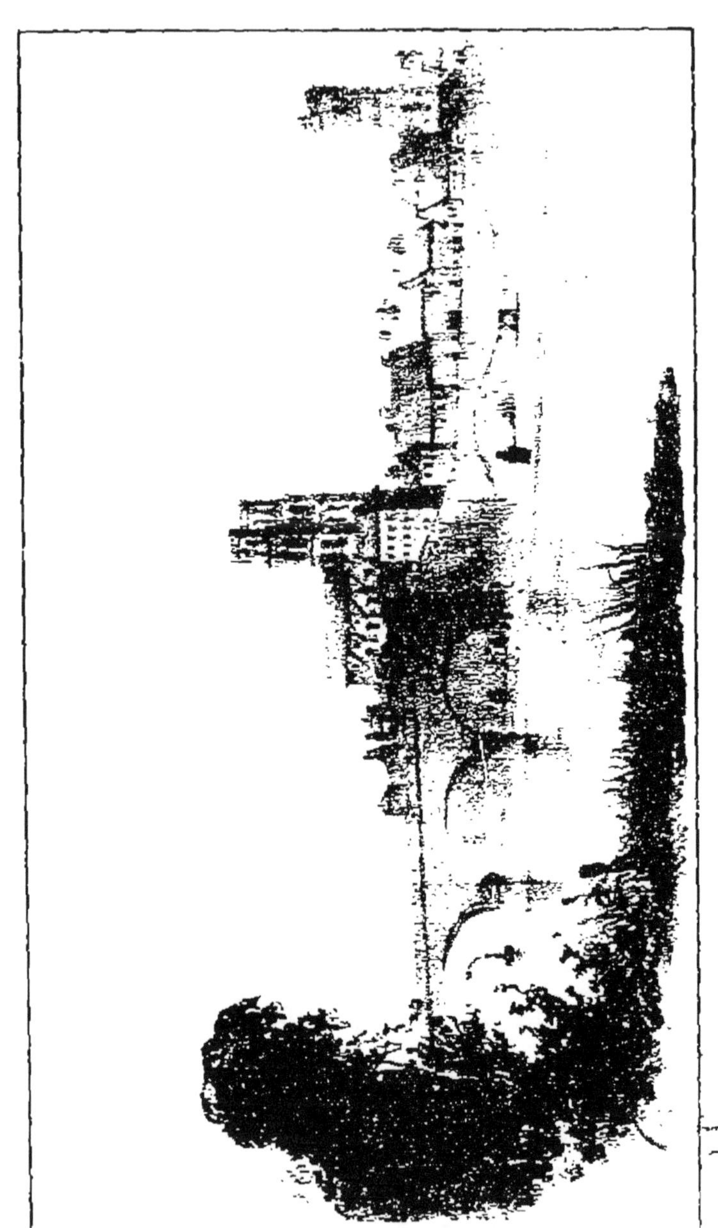

celle des tours de l'église. — L'origine de Mantes est fort ancienne; on prétend que les druides en furent les fondateurs. C'était autrefois une place forte autour de laquelle on remarque encore des tours et des bastions qui ont échappé à l'injure du temps. Guillaume-le-Conquérant la brûla en 1087; les Anglais la prirent vers le milieu du quatorzième siècle. Duguesclin la reprit en 1363; mais elle retomba au pouvoir des Anglais, qui la conservèrent jusqu'en 1449. — Elle a été occupée quelque temps par Charles de Navarre, dit le Mauvais, qui avait reçu du roi Charles V, le comté de Mantes et Meulan, en échange de son comté de Brie et de Champagne. Il résidait ordinairement au château de Mantes. — Ce château a été long-temps habité par les rois de France. Philippe-Auguste y est mort en 1223; Henri IV y a demeuré à diverses époques, pendant plus de dix ans. Louis XIII et Louis XIV y ont séjourné plusieurs fois. Ce qui restait de cet édifice fut démoli en 1721 par ordre du duc d'Orléans, régent, son dernier possesseur. — Bibliothèque publique 3,400 volumes. — *Hôtels* du Grand-Cerf, du Cheval Blanc et de la Chasse Royale. — *Commerce* de Bestiaux, mercerie et quincaillerie. — *Foires :* les 22 juillet, 1e et 14 septembre, 9 octobre, mercredi qui suit le 1er mai et après la St.-André.

51. GASSICOURT. (R. G.)

Villa. de l'arrond. de Mantes. Pop. 297 hab. — Terres labourables, vignes et fruits en abondanc. Bur. de p. *de Mantes*. — Ce village est entre la grande route de Paris à Caen et la rive gauche de la Seine, là où s'est formée une île qui porte son nom.

52. ROSNY. (R. G.)

Villa. et chât. de l'arrond. de Mantes. — Pop. 710 h. — Bur. de p. *de Mantes*. — Grains, vignes, bois. — Fours-à-chaux. — Ce village repose sur deux îles; celle de Rosny est la plus grande. En 1529, le château fut apporté en dot à Jean de Béthune, par Anne, fille de Hugues, comte de Meulan. La construction en briques et les colonnes qui décorent l'entrée de ce château, semblent fixer l'époque de son érection au seizième siècle. Il est vaste, solidement bâti, entouré de fossés larges et profonds, et placé au milieu d'un parc bordé par la Seine. Sully y naquit, en 1559. C'est là qu'il vint se reposer des fatigues de la bataille d'Ivry en y passant la nuit qui suivit cette journée. — Rosny était naguère la maison de plaisance de madame la duchesse de Berri, qui fonda, en 1820, pour les indigens du village, un hospice de douze lits avec une chapelle, où l'on

a déposé, dans un cénotaphe en marbre, le cœur de son mari tombé sous le poignard de Louvel.

53. **GUERNES.** (R. D.)

Villa. de l'arrond. de Mantes. — Pop. 542 hab. — Bur. de p. de *Mantes*. —Terres labourables, vignes et prairies. Son vin est estimé.

54. **ROLLEBOISE.** (R. G.)

Villa. de l'arrond. de Mantes. — Pop. 413 hab. — Bur. de p. de *Bonnières*. —Terres labourables, vignes et bois. —On voit à côté de l'église, sur la pointe de la montagne, les fondations d'une tour que prit Duguesclin aidé de 10,000 bourgeois de Rouen, après un assez long siège, et qu'il fit sauter par la mine.

55. **MÉRICOURT.** (R. G.)

Villa. de l'arrond. de Mantes. — Pop. 298 hab. — Bur de p. *de Bonnières.* — Vignes et prairies.

56. **MOUSSEAUX.** (R. G.)

Villa. de l'arrond. de Mantes. — Pop. 515 hab. Bur. de p. *de Bonnières.* — Vignes, prairies et bois.

57. **VETHEUIL.** (R. G.)

Beau villa. de l'arrond. de Mantes. — Pop. 123 hab. — Bur. de p. *de Bonnières.* —Vignes et prairies. Carrières de pierre dure; four à chaux; deux moulins sur un ruisseau. — Ce village est dans une charmante situation — On y voit les ruines d'un château fort. L'église est remarquable par sa position élevée et par des morceaux d'architecture antique; le portail est gravé dans un recueil des monumens de ce genre.

58. **MOISSON.** (R. G.)

Villa. de l'arrond. de Mantes. — Pop. 802 hab. — Bur. de p. *de Bonnières*. — Vignes et fruits.

59. **LA ROCHE-GUYON.** (R. D.)

Bourg de l'arrond. de Mantes. — Pop. 863 hab. — Bur. de p. *de Bonnières*. — Prairies et bois. — Ce bourg tire son nom du rocher escarpé au pied duquel est situé le château. Un Guyon en était le seigneur au temps de Louis-le-Gros — On y passe la Seine sur un bac. — Ce lieu est célèbre par cet antique château, édifice de grande dimension, adossé à un rocher taillé à pic, et composé de divers corps de bâtimens anciens et modernes, dont quelques-uns remontent, dit-on, au temps de la première invasion des Normands. Les seules constructions remarquables qui aient résisté aux injures du temps et aux désastres de la guerre dont la Roche-Guyon fut souvent le théâtre, sont une chapelle pratiquée dans le roc, à une

La Roche Guyon

très grande élévation, et une tour à double enceinte qui s'élève majestueusement sur le sommet du rocher, domine toute la contrée, et communique au château par un long escalier creusé dans la montagne. Le château de la Roche-Guyon a été agrandi et embelli par plusieurs membres de la famille La Rochefoucauld : on distingue principalement les écuries, un immense réservoir creusé dans le rocher, qui peut contenir 2,200 muids d'eau, de beaux jardins, un vaste potager et une magnifique promenade, établie à grands frais sur le roc auparavant nu et aride. La chapelle renferme plusieurs tombeaux, parmi lesquels on remarque celui de la duchesse d'Enville. Sous le règne malheureux de charles VI, le duc de Bourgogne ayant soumis, en 1418, toute la contrée, à l'exception de Gisors, de Pont-de-l'Arche et de la Roche-Guyon, ce dernier point fut enlevé, le 6 avril de la même année, par le comte de Warwick. Une femme, fille de Jean Bureau, chambellan du roi de France, et veuve de Guy VI, sire de la Roche-Guyon, tué à la bataille d'Azincourt, occupait alors la forteresse ; sommée de prêter serment au roi d'Angleterre, elle refusa, et fut dépouillée de sa seigneurie. Charles VII, pour récompenser sa fidélité, la nomma quelques années après dame d'honneur de la reine. Guy VII, sire de la Roche-Guyon, la reprit en 1449, aidé du sire de Jalongues, maréchal de France. — On y voit une chambre où a couché Henri IV, le même lit, les mêmes rideaux, et le même ameublement qui lui ont servi, son portrait original en miniature, le fauteuil où il s'asseyait, et un autre où s'est assis Louis XIV. La vue du site de la Roche-Guyon est une des plus belles qu'offre le cours de la Seine.

60. **FRENEUSE**. (R. G.)

Villa. de l'arrond. de Mantes. — Pop. 861 hab. — Bur. de p. *de Bonnières*. — Terres labourables, vignes et bois.

61. **BONNIÈRES**. (R. G.)

Villa. de l'arrond. de Mantes. — Pop. — 800 hab. — ✉ 🐎 — Terres labourables, vignes, prairies et bois. — Il y a un bur. de p. où se fait la division des deux malles de Caen et de Rouen.

62. **RENNECOURT**. (R. D.)

Villa. de l'arrond. de Mantes. — Pop. 1135 hab. — Bur. de p. *de Bonnières*. — Vignes, dont le vin est estimé. Ce village n'est séparé de Bonnières que par la Seine coupée en cet endroit par quelques îles garnies de saules et de prairies.

63. **JEUFOSSE**. (R. G.)

Villa. de l'arrond. de Mantes. — Pop. 864 hab. — Bur. de p. *de Bonnières*. — Grains et bois.

64. **LIMETZ**. (R. D.)

Villa. de l'arrond. de Mantes. — Pop. 864 hab. — Bur. de p. *de Bonnières*. — Terres labourables, prairies, vignes et bois. — Ce village est entre la rivière d'Epte et la Seine, et le hameau de Villez.

65. **PORTVILLEZ**. (R. G.).

Villa. de l'arrond. de Mantes. — Pop. 199 hab. — Bur. de p. *de Vernon*. — Grains et bois. — Moulins à eau et four à chaux.

V.

Aperçu statistique du département de l'Eure. — De Giverny à Criquebeuf.

Le département de l'Eure est formé du pays d'Ouche, du Vexin normand et du Lieuvin qui appartenaient à la Haute-Normandie. Il tire son nom de la rivière d'Eure, qui le limite depuis Saint-George jusqu'à Bueil, puis traverse sa partie orientale du sud au nord, pour aller se joindre à la Seine au-dessous de Léry. — Ses bornes sont : au nord, le département de la Seine-Inférieure; à l'est, ceux de l'Oise, de Seine-et-Oise; au sud, ceux d'Eure-et-Loir et de l'Orne, et à l'ouest, celui du Calvados. — Le climat est en général variable et humide, mais sain et tempéré. Les vents dominans sont ceux du sud-ouest, du nord-ouest et du nord, ainsi que le prouve l'inclinaison habituelle des arbres fruitiers de ses plaines. Les brouillards y sont fréquens; les pluies tombent communément pendant 95 à 100 jours, et la quantité d'eau qu'elle répand sur le sol est évaluée à 1 p. 8 p. 6 l.

Le territoire de ce département offre un pays de plaines, divisé en six plateaux distincts par les rivières qui le traversent pour arriver à la Seine. — La surface des plateaux est, en général, peu accidentée ; quelques rares collines s'y distinguent à peine à l'horizon ; mais les vallées sont profondes et leurs flancs rapides. Cette surface est très variée : sur tous les points elle offre des champs cultivés, des enclos, de belles forêts, des côteaux, des rivières, des marais ; et, au nord, du côté de l'embouchure de la Seine, une certaine étendue de côtes. Une culture florissante de céréales donne aux plaines de l'Eure un aspect riche, mais monotone ; les pommiers et les poiriers bordent les routes, que leurs fleurs d'un blanc rosé rendent très agréables au printemps. Dans les vallées, des eaux claires et vives serpentent au milieu de riches prairies, qu'entretient un système d'irrigation assez bien entendu. — Le département de l'Eure a pour ch.-l. Evreux. Il est divisé en 5 arrondissemens et en 36 cantons, 799 communes. — Superficie, 307 lieues carrées. —Population, 424,248 habitans.

Minéralogie. Minerai de fer abondant, exploité à ciel ouvert et par veines peu étendues. Ce minerai alimente onze hauts fourneaux, neuf fonderies et huit forges. Carrières de pierres de taille, de pierres meulières et de grès à paver ; terre à foulon et à faïence, etc.

Sources minérales à Breteuil, Houdeville, Vieux-Conches, Saint-Germain, le Pecq, Beaumont-le-Roger.

Productions. Céréales de toute espèce, en qualité suffisante pour la consommation des habitans; légumes secs, chanvre, lin de belle qualité, jardinages, foins, pommes et poires à cidre, noix, gaude, chardon à bonnetier. — 1,677 hectares de vignes produisant, année commune, 60,000 hectolitres de vin assez agréable au goût, mais acerbe et dénué de qualité. — 129,227 hectares de forêts. Belles pépinières. Récolte annuelle de 1,350,000 hectolitres de cidre. — Bêtes fauves et menu gibier. — Poisson d'eau douce (truites, anguilles écrevisses). — Education en grand de la volaille. — Vaches, mulets, ânes, bêtes à laine, porcs de la grosse espèce. Belle race de chevaux. Les arrondissemens de Bernay et de Pont-Audemer nourrissaient autrefois la véritable race de chevaux normands renommés pour la cavalerie, la chasse et les équipages de luxe.

Industrie. Manufactures considérables de draps fins et autres. Fabriques de toiles de fil et de coton, rouennerie, toiles peintes, bonneterie en coton, couvertures et tapis de laine, instrumens à vent, peignes de corne et de buis; ouvrages en paille, quincaillerie, pointes de Paris, colle-forte, etc. Hauts fourneaux, forges (les forges de la vallée d'Andelle sont belles et importantes); fonderies, clouteries, fonderie et batterie de cuivre. Filatures de coton, de laine et de lin. Verreries. Belles papeteries. Teintureries. Moulins à foulon, scieries de marbre. Raffineries de sucre. Blanchisseries de toiles. Tanneries nombreuses et renommées. Corroieries, façon anglaise, etc.

Commerce de grains, farines, légumes secs, graines fourragères, cidre, poiré, bestiaux, chevaux normands, laines, chanvre, lin, draperie, étoffes de laine et de coton, bonneterie, papiers, cuir, fer, épingles, etc.

66. GIVERNY. (R. D.)

Villa. de l'arrond. des Andelys. —Pop. 396 hab. — Bur. de p. *de Vernon.* — Prairies et vignes. La rivière d'Epte y fait tourner deux moulins. Ce village ne forme qu'une rue principale d'environ une lieue de longueur, et dont presque toutes les maisons sont détachées les unes des autres. — La petite rivière d'Epte s'y réunit à la Seine.

67. VERNONNET. (R. D.)

Villa. que l'on considère comme un faubourg de Vernon. *Voy.* Vernon.

68. VERNON. (R. G.)

Arrond. d'Evreux, ch.-l. de canton — Pop. 5,600 hab. — ✉ 🐎 — Ville agréablement située. La promenade qui l'entoure en forme de boulevart, promet toute autre chose que les rues tortueuses et les vieilles maisons, bâties la plupart en pans de bois, qui frappent désagréablement les regards quand on pénètre dans son enceinte. Aucun de ses édifices ne mérite d'être cité, si ce n'est une assez belle église paroissiale, au style gothique. La nef a l'aspect imposant; l'une des chapelles renferme un tombeau en marbre blanc fort bien exécuté, et curieux par les costumes du temps : c'est celui d'une dame de Maynard, morte à vingt-deux ans, en 1610. L'église de l'Hôtel-Dieu, hospice fondé par Louis IX, doit être vue, ne fut-ce que pour les jolies colonnes torses qui supportent sa tribune.

Vernon eut jadis ses seigneurs et par conséquent son château, dont il ne reste plus qu'une grosse tour, qu'on retrouve dans l'intérieur de la ville. Philippe-Auguste acheta cette terre de Richard, qui en était le seigneur châtelain, et la réunit à la couronne. Les successeurs de Philippe l'ont quelquefois donnée en apanage à leurs femmes. Ses promenades sont peu aérées; la seule qui soit digne d'attention, est l'ave-

Vernon.

nue du château de Bisy, fondé par le maréchal de Bellisle. Ce château était un des plus beaux de la Normandie; après avoir appartenu au comte d'Eu, il passa au duc de Penthièvre, et fut détruit plus tard de fond en comble, à l'exception toutefois de ses magnifiques écuries. Une très belle maison de campagne le remplace. Lors de la restauration, le général Suir, qui en était propriétaire, la céda à la duchesse d'Orléans douairière. Le duc d'Orléans s'y rendait assez souvent avant son avènement au trône. Un très beau parc y est attaché. — Le ci-devant couvent des Capucins renferme un parc de construction d'équipages pour l'artillerie; une très jolie caserne vient d'y être bâtie pour cette arme. — Son collège a été fondé par Henri IV. — Il y a aussi une petite filature de coton. — Patrie de mademoiselle Anne de la Vigne, poète du XVIIe siècle, et de l'architecte Mathieu Mésange. — A l'extrémité du pont, de l'autre côté de la Seine, dans le faubourg de *Vernonet*, est un moulin destiné aux farines dont cette ville fait des envois considérables à Paris. Il y a encore dans ce faubourg une fonderie de zinc. Son commerce consiste en grains; ses carrières sont renommées par la bonne qualité de leurs pierres : On y trouve plusieurs fours à plâtre. — Il s'y tient trois foires par année, la veille du dimanche des Rameaux, le 2 juillet et le 8 septembre; marché le samedi de chaque semaine. — Auberges du *Grand-Cerf* et du *Lion-d'Or*. — Bains et petite salle de spectacle.

69. **SAINT-PIERRE D'AUTILS.** (R. G.)

Villa. de l'arrond. d'Evreux. — Pop. 852 hab. — Bur. de p. *de Vernon*.

70. **PRESSAIGNY.** (R. D.)

Villa. de l'arrond. du Grand Andelys. — Pop. 419 hab. — Bur. de p. *de Vernon*. — Feu M. Séguin, de riche mémoire, y avait fait construire en briques une jolie maison de campagne. C'est un charmant séjour qu'il a laissé à sa famille.

71. **PORTMORT.** (R. D.)

Villa. de l'arrond. des Andelys. — Pop. 680 hab. — Bur. de p. *des Andelys*.

72. **COURCELLES.** (R. D.)

Villa. de l'arrond. du Grand Andelys. — 265 hab. — Bur. de p. *des Andelys*.

73. **THOSNY.** (R. G.)

Villa. de l'arrond. de Louviers. — Pop. 391 hab. — Bur. de p. *de Gaillon*.

74. **BOUAFFLES.** (R. D.)

Villa. de l'arrond. du Grand Andelys. — Pop. 316 hab. — Bur. de p. *du Grand Andelys*.

Chateau Gaillard.

75. VEZILLON. (R. D.)

Villa. de l'arrond. du Grand Andelys. — Pop. 178 hab. — Bur. de p. *du Grand Andelys.*

76. PETIT ANDELYS. (R. D.)

Ville de l'arrond. d'Andelys. — Pop. réunie à celle du Grand Andelys, 6,000 hab. — La ville des Andelys est divisée en deux parties, le Grand et le Petit Andelys. Ces deux parties, éloignées entre elles d'un quart de lieue, sont réunies par un chemin pavé. On y fabrique des draps de première qualité, des casimirs, des toiles, des cuirs de toute espèce. Il y a aussi une filature de coton renommée. C'est le siège d'une sous-préfecture et d'un tribunal civil. — Le peintre qu'on a surnommé le Raphaël de la France, Nicolas Poussin, mort à Rome en 1655, était né aux environs des Andelys, en 1594, dans le hameau de Villiers. Le célèbre aéronaute Blanchard est compté parmi les grands hommes nés aux Andelys. C'est dans cette ville que mourut, en 1562, le roi de Navarre Antoine de Bourbon, père de Henri IV, par suite de la blessure qu'il avait reçue au siége de Rouen. Cette ville, autrefois fortifiée, avait un fort considérable, sous le nom de Château-Gaillard, bâti sur le sommet d'une roche escarpée; il dominait la ville et la rivière de Seine. — Hôtels du *Grand-Cerf*, de l'*Espérance* et des *Trois-Rois*.

77. **LE THUIT.** (R. D.)

Villa. de l'arrond. du Grand Andelys. — Pop. 180 hab. — Bur. de p. *du Grand Andelys.* — Il y a un château, ancienne propriété du chancelier de Meaupou, qu'on aperçoit de divers points de la route.

78. **LA ROQUETTE.** (R. D.)

Villa. de l'arrond. de Louviers. — Pop. 294 hab. — Bur. de p. *du Grand Andelys.*

79. **BERNIÈRES.** (R. G.)

Villa. de l'arrond. de Louviers. — Pop. 181 hab. — Bur. de p. *de Gaillon.*

80. **MUIDS.** (R. D.)

Villa. de l'arrond. de Louviers. — Pop. 823 hab. — Bur. de p. *de Notre-Dame de Vaudreuil.*

81. **VIRONVEY** (R. G.)

Villa. de l'arrond. de Louviers. — Pop. 185 hab. — Bur. de p. *de Louviers.*

82. **ANDÉ.** (R. D.)

Villa. de l'arond. de Louviers. — Pop. 455 hab. — Bur. de p. *de Notre-Dame de Vaudreuil.*

83. **PORTE-JOYE.** (R. G.)

Villa. de l'arrond. de Louviers, — Pop. 298 hab. — Bur. de p. *de Notre-Dame de Vaudreuil.*

84. **HERQUEVILLE.** (R. D.)

Villa. de l'arrond. de Louviers. — Pop. 103 hab. — Bur. de p. *de Notre-Dame de Vaudreuil.*

85. **CONNELLES.** (R. D.)

Villa. de l'arrond. de Louviers. — Pop. 232 hab. — Bur. de p. *de Notre-Dame de Vaudreuil.*

86. **POSES.** (R. G.)

Villa. de l'arrond. de Louviers. — Pop. 147 hab. — Bur. de p. *de Pont-de-l'Arche.*

87. **AMFREVILLE-SOUS-LES-MONTS.** (R.D.)

Villa. de l'arrond. des Andelys. — Pop. 365 hab. — Bur. de p. *de Pont-Saint-Pierre.* — Au confluent de la Seine et de l'Andelle, dans le fond d'un vallon charmant, coupé de diverses cultures et semé de villages et de hameaux, parmi lesquels se distinguent les jolies fabriques d'Amfreville, s'élèvent deux monts presque jumeaux qui offrent un des plus beaux points de vue de la Normandie, nommés la *Côte-des-deux-Amans.* La tradition rapporte que, sur le revers du petit coteau où s'étendent maintenant les domaines rustiques des habitans d'Amfreville, se déployaient autrefois les hautes murailles d'un puissant château dont les ruines ont depuis long-temps disparu. Là régnait quelque tyran dont depuis long-temps le nom est oublié. Les gens du pays racontent qu'il fut père de la plus belle des demoiselles, et qu'il avait attaché à la possession de sa main une condition dont les caprices féroces du pouvoir blasé expliquent à peine la bizarrerie. Le chevalier qui attirerait les regards de la jeune châtelaine, et qui méritait son choix, ne devait obtenir le titre d'époux qu'aprés avoir emporté sa conquête du pied de la côte à son sommet. Il lui était prescrit de parcourir, sous son précieux fardeau, tout le sentier rapide qui s'élance si audacieusement vers le ciel, et de ne se reposer ni s'arrêter un moment. Rien n'étonne son courage, rien n'affaiblit sa résolution; ni les difficultés de l'entreprise la plus audacieuse, ni les timides refus de l'amour inquiet. Les juges de l'épreuve en attendaient le résultat au-dessus de la plate-forme du château, sous de superbes pavillons où était préparé l'autel, et où se disposaient les fêtes brillantes de la cérémonie. Plein d'impatience et d'amour, l'époux que cette beauté avait choisi parmi la foule des prétendans, franchit l'espace avec une rapidité qui se ralentit à peine au moment où il allait toucher le but. Cependant on le vit chanceler, fléchir, tenter un dernier effort, parvenir à l'endroit désigné pour le terme de sa course, puis chanceler encore et tomber. Un murmure confus d'espoir, d'incerti-

Pont de l'arche.

tude et de crainte avait accompagné ses pas. Un cri de terreur s'éleva. Il était mort. L'amante ne lui survécut pas long-temps, et, suivant la touchante expression de Ducis,

Lui, mourut de fatigue, elle, de sa douleur.

Tous deux trouvèrent leur tombeau dans le lieu même où l'on venait de faire pour eux les apprêts d'une plus douce union. Puni de son extravagante cruauté par la perte de ce qu'il avait de plus cher, le vieux châtelain fit élever sur cet emplacement une chapelle funéraire, inutile monument de ses regrets.

Quelques siècles après, cette chapelle était devenue un vaste moutier qu'on appelait le *Prieuré des deux amans*. L'église de ce monastère a été détruite, mais la maison du prieuré, située dans une belle position, a été conservée; elle était occupée naguère par une maison d'éducation.

88. **LE MANOIR.** (R. D.)

Villa. de l'arrond. de Louviers. —Pop. 681 hab. — Bur. de p. *de Pont-de-l'Arche*.

89. **LES DAMPS.** (R. G.)

Villa. de l'arrond. de Louviers. — Pop. 261 hab. — Bur. de p. *de Pont-de-l'Arche*.

90. **PONT-DE-L'ARCHE.** (R. G.)

Ville de l'arrond. de Louviers, chef-lieu de canton. — Pop. — 1483 hab. — ✉ — Cette ville est située sur la Seine, que l'on traverse sur un pont de vingt-deux arches, un peu au-dessus du confluent de l'Eure ; la marée se fait sentir jusqu'à cet endroit. Ce pont franchit trois bras de la Seine, dont le dernier est entre deux écluses destinées à favoriser la navigation. Pont-de-l'Arche doit son origine à Charles-le-Chauve, qui la fit bâtir en 854. Ce fut dans la suite une place importante, entourée de murs flanqués de tours, environnée de fossés, et défendue par un château-fort bâti sur l'autre rive de la Seine. Charles-le-Chauve y fit construire un palais où il assembla deux conciles en 862 et 869 et où il convoqua deux assemblées des grands du royaume, en 862 et 864. Cette ville est la première de toutes celles de France qui se soumirent à Henri IV, non pas après la victoire, mais immédiatement après l'assassinat de Henri III. On y remarque une jolie église gothique, ainsi qu'une promenade agréable, élevée sur l'emplacement des anciens remparts. — Commerce de bois.

91. **CRIQUEBOEUF** (R. G.)

Villa. de l'arrond. de Louviers. — **Pop. 1202. hab.** Bur. de p. *de Pont-de-l'Arche.*

VI.

Aperçu statistique du département de la Seine-Inférieure. — De Freneuse à Rouen.

Le département de la Seine-Inférieure, un des plus riches, des plus peuplés, des plus industrieux et des mieux cultivés de la France, est formé de la partie la plus importante de la ci-devant province de Haute-Normandie, et tire son nom de la partie basse du cours de la Seine, qui s'embouche dans la Manche entre Honfleur et le Hâvre. Ses bornes sont : au nord et à l'ouest, la Manche ; à l'est, les départemens de la Somme et de l'Oise ; au Sud, celui de l'Eure, et une partie de celui du Calvados. —Ce département, bordé par la Manche dans une grande partie de son étendue, couvert à l'est et au sud de forêts, traversé en tous sens par des vallées, arrosé par un grand fleuve et par une multitude de rivières, a un climat très varié. Les contrées voisines de l'Océan sont, en général, froides et humides; l'air de la mer s'y fait sentir à une assez grande distance. Le climat des larges vallées est aussi fort humide, parce que le sol y est plus bas, et qu'il consiste presque partout en prairies voisines des forêts. Les hivers y sont ordinairement longs et pluvieux : mais le froid n'a pas cependant l'intensité qu'on pourrait attendre de son exposition au nord et du voisinage de la mer. Les vents dominans sont ceux du nord, du nord-est et du nord-ouest. Le sol du département se compose de plaines étendues et fécondes, de collines assez élevées et en partie couvertes de forêts, de quelques bruyères incultes, et de nombreux pâturages qui nourrissent une quantité considérable de gros bétail et de chevaux estimés. Les plaines du centre sont entrecoupées de champs fertiles et de bois de haute futaie; les rives de la Seine offrent de belles prairies et d'abondans pâturages. Au Tréport commence une chaîne de montagnes ou falaises taillées à pic, de 150 à 700 pieds de hauteur, battues en plusieurs endroits par les flots qu'amènent les hautes marées; elles n'ont d'interruption, depuis la Bresle jusqu'au Havre, que celles des baies. Dans la majeure partie du département, les villages offrent une disposition toute particulière : autour de l'église, les maisons sont groupées en petit nombre, habitées par le pasteur, les aubergistes, les détaillans, le maréchal, etc.; presque aucune maison de cultivateur n'est attachée à ce hameau. Depuis Rouen jusqu'au Hâvre, et depuis les bords de la Seine jusqu'aux confins du pays de Brai, tous les villages semblent modelés les uns sur les autres ; chaque château, chaque maison de plaisance est entourée d'épaisses futaies, et chaque ferme enclose de larges fossés et de murs en terre, sur lesquels s'élèvent trois ou quatre rangées de beaux chênes, d'ormes, de hêtres, etc. Chaque habitation se trouve ainsi entourée d'un bocage élevé qui la garantit des vents impétueux de l'Océan, qui protége les jardins, et garantit les champs où l'on ensemence les céréales. Dans toute cette belle contrée, l'habitant des fermes se fait remarquer par sa rare propreté, par les meubles commodes, par les couverts d'argent qui font le luxe de sa table, par les belles plantations qui avoisinent son exploitation, près de laquelle se trouve toujours un jardin enclos d'une haie vive où l'on réunit, suivant un dire plein de grâce, quelques roses pour la beauté, quelques pommiers pour la boisson, quelques poiriers pour les amis.

Le département de la Seine-Inférieure a pour chef-lieu Rouen. Il est divisé en 5 arrond. et en 50 cantons, renfermant 757 communes. — Superficie, 287 l. carrées. — Pop. 695,000 hab.

Minéralogie. Minerai de fer en petite quantité. Indices de mine de houille. Carrières de marbres, de pierre de taille, de grès à paver. Craie, argile à briques et à poterie. Sable pour verrerie. Marne. Tourbe. Terres vitrioliques.

SOURCES MINÉRALES à Forges-les-Eaux, Aumale, Rouen, Bléville, Gournay, Quiévrecourt, Oherville, Valmont, Mémoulins, Nointot, etc.

PRODUCTIONS. Toutes les céréales, mais en quantité insuffisante pour la consommation des habitans. Plantes oléagineuses, chanvre, lin de belle qualité. Garance, gaude, pastel, chardon à bonnetier, nombreuses prairies naturelles et artificielles. Pommiers et poiriers à cidre, cultivés avec le plus grand soin. Jonc, warech, etc. — Peu de vignes. — 73, 441 hec. de forêts. — Chevaux de forte taille; ânes. — Éducation des bestiaux, notamment des vaches, qui donnent du beurre et des fromages estimés; des moutons mérinos et métis, des porcs, de la volaille, des abeilles. — Bon poisson d'eau douce. Pêche en grand du hareng, du maquereau et de quantité d'autre poisson de mer.

INDUSTRIE. Manufactures très importantes et renommées de draps fins et d'étoffes de laine; de tissus de coton de toutes sortes, connus sous le nom de Rouennerie; de toiles peintes, mouchoirs, coutils, châles, velours de coton, bonneterie, dentelles. Fabriques de cordages, filets de pêche, pipes de terre, plomb de chasse, mouvemens de pendules, toiles cirées,

colle forte, soufre raffiné, acides minéraux et végétaux, et autres produits chimiques; rots et mécaniques pour le tissage, ouvrages en ivoire, plumes à écrire, etc. — Filature en grand du coton, de la laine et du lin. Raffineries de sucre. Huileries. Savonneries. Belles blanchisseries. Nombreuses tanneries et teintureries. Corderies pour la marine et le commerce. Verreries, papeteries, faïenceries, brasseries, etc., etc., etc., Chantiers de construction. Armemens pour la pêche de la baleine, du hareng et du maquereau.

Commerce important des riches productions du sol, des nombreux produits des manufactures, et des denrées coloniales entreposées à Rouen et au Hâvre. — Commerce très considérable d'exportation et d'importation avec l'Amérique, les Indes, le Levant et l'Italie, l'Espagne, le Portugal, les peuples du Nord, et généralement avec tous les départemens maritimes de la France.

92. FRENEUSE. (R. D.)

Villa. de l'arrond. de Rouen. — Pop. 622 hab. — Bur. de p. *d'Elbeuf.*

93. ELBEUF. (R. G.)

Ville de l'arrond. de Rouen, ch.-lieu de canton.

— Pop. 10,258 hab. — Ancienne et célèbre par ses manufactures, ayant conseil de prud'hommes, chambre consultative des manufactures.

L'origine de cette ville est peu connue; on sait seulement qu'elle faisait partie de la baronie de *Harcourt*, et qu'elle était déjà considérable en 1338, lorsqu'elle fut érigée en comté. Elle devint marquisat et puis duché-pairie en 1581. L'établissement de ses manufactures remonte à une époque fort éloignée; mais c'est seulement sous le ministère de Colbert qu'elles commencèrent à prendre un état florissant, que suspendit bientôt la révocation de l'édit de Nantes : Leyde, Londres, Leycester se partagèrent les principaux chefs des fabriques d'Elbeuf, qui ne se releva que long-temps après du coup que lui avait porté l'illustre pénitent du père Letellier. Les manufactures commencèrent à prendre quelque extension dans les premières années de la révolution; mais depuis la séparation de la Belgique de la France, elles ont reçu un accroissement immense, et il n'y aurait peut-être pas d'exagération à dire que leurs produits ont triplé depuis cette époque. Aujourd'hui, ces manufactures occupent plus des deux tiers de la population, et environ 2,000 habitans des villages voisins.

Elbeuf est une ville agréablement située, dans une belle vallée bordée au nord par la Seine, et au midi par une chaîne de montagnes. Elle est en général fort mal bâtie, mal percée, et encore plus mal pavée : on y remarque cependant une jolie place publique et quelques édifices élégamment construits. Le voisinage de la Seine, la forêt de la Londe, le joli village de Saint-Aubin-Jouxte-Boulenc, situé de l'autre côté du fleuve, les avenues du bois Landry, rendent les environs d'Elbeuf très agréables.

Elbeuf renferme deux églises, Saint-Étienne et Saint-Jean-Baptiste. — La première se compose d'un chœur, d'une nef et de deux collatéraux : les piliers de séparation sont de forme octogone et surmontés d'une couronne ducale; la voûte du chœur est ornée de culs-de-lampe. Dans la chapelle de la Vierge, située au fond du collatéral gauche, on a pratiqué un faux jour qui produit, sur les ornemens dorés environnans, un effet de lumière tout-à-fait mystérieux. A l'extrémité inférieure de ce même collatéral, est un saint-sépulcre. Parallèlement à la chapelle de la Vierge, dans le collatéral opposé, est une chapelle surmontée d'une immense couronne. Les vitraux de cette église sont fort beaux. Elle remonte au-delà du douzième siècle. — L'église Saint-Jean, située dans la rue qui conduit au port, est plus vaste, mais moins ancienne que l'autre; sa distribution est à peu près la même, et les vitraux en sont aussi fort remarquables.

Manufactures renommées de draps fins d'excellente qualité. Filatures et lavoirs de laines. Teintureries. Tanneries. Moulins à foulon. Ateliers pour le tondage et l'apprêtage des draps. — *Commerce* considérable de draperie et de laines. — Établissement de transport par eau pour Rouen, et retour. — *Hôtels* de la *Poste*, de l'*Univers*, de l'*Europe*, du *Bras-d'Or*.

94. SAINT-AUBIN. (R. D.)

Villa. de l'arrond. de Rouen. — Pop. 1,444 hab. — Bur. de p. *d'Elbeuf*. — Source de l'Aubette. (Voy. Rouen.)

95. CLÉON. (R. D.)

Villa. de l'arrond. de Rouen. — Pop. 525 hab. — Bur. de p. *d'Elbeuf*.

96. TOURVILLE. (R. D.)

Villa. de l'arrond. de Rouen. — Pop. 951 hab. — Bur. de p. *d'Elbeuf*.. — Bateaux de transport pour Rouen.

97. OISSEL. (R. G.)

Bourg de l'arrond. de Rouen. — Pop. 3,443 hab. —

Bur. de p. *de Rouen.* — filature de coton. — Bateaux de transport pour Rouen. — On remarque le clocher svelte, affilé, mais élégant de l'église de ce bourg. — Jusqu'en 1791, Oissel eut des vignobles ; on n'y récolte plus de vin aujourd'hui. — Depuis ce bourg jusqu'à Rouen, la Seine est parsemée d'un grand nombre de petites îles plantées de saules et de peupliers ; l'île Saint-Martin touche presque au rivage de ce bourg.

98. PORT-SAINT-OUEN. (R. D.)

Villa. de l'arrond. de Rouen. — Pop. 200 hab. — Bur. de p. *de Pont-de-l'Arche.* — — Il est situé au pied d'une colline élevée d'où l'on découvre parfaitement la ville de Rouen et ses environs. — Bateaux de transport pour Rouen.

99. SAINT-CRESPIN ET SAINT-ADRIEN. (R. D.)

Villa. de l'arrond. de Rouen. — Pop. — 150 hab. — Bur. de p. *de Rouen.* — On va visiter les rochers pittoresques de ce village.

100. SAINT-ÉTIENNE-DU-ROUVRAY. (R. G.)

Villa. de l'arrond. de Rouen. — Pop. 1,481 hab. Bur. de p. *de Rouen.* — Ce village est caché par de grands massifs d'arbres. Derrière lui est l'épaisse forêt qui lui a donné son nom.

101. BELBEUF. (R. D.)

Villa. de l'arrond. de Rouen. —Pop. 823 hab. —Bur. de p. *de Rouen.* —Bateaux de transport pour Rouen. — Les hauteurs de ce village sont couronnées de riches plantations. — Il y a un magnifique château bâti sur une colline dont le sommet est couvert d'un beau parc, très fréquenté dans la belle saison par une partie des habitans de Rouen.

102. AMFREVILLE-LA-MI-VOIE. (R. D.)

Villa. de l'arrond. de Rouen. — Pop. 811 h. — Bur. de p. *de Rouen.* — Il y a de jolis pavillons, espèce de châteaux en miniature.

103. SOTTEVILLE. (R. G.)

Villa. de l'arrond. de Rouen. — Pop. 3,912 hab. — Bur. de p. *de Rouen.* —Il y a une fabrique d'acide sulfurique et une raffinerie de soufre. —Patrie de Nicolas Colombel, peintre, membre de l'académie royale, né en 1646, mort à Paris en 1717; son chef-d'œuvre est un Orphée jouant de la lyre. — Ce village est renommé pour ses crêmes, que toutes les laiteries de Rouen ont vainement tenté de reproduire.

104. BLOSSEVILLE OU BONSECOURS.

(R. D.)

Villa. de l'arrond. de Rouen. — Pop. 1,014 h. — Bur. de p. *de Rouen.* — Manufacture d'indiennes et de toiles. — Tuileries. — Poteries. — Fil. de coton. — Il y a de belles plantations sur les hauteurs de ce village. — Ce lieu est célèbre en Normandie par une jolie chapelle gothique, dédiée à la Vierge, située sur un coteau élevé qui domine le cours de la rivière. Le portail de ce petit édifice est en ogive, orné de ceps de vigne, de guirlandes et d'ornemens à jour. L'intérieur est tapissé d'une multitude d'*ex-voto*, au nombre desquels on remarque un grand nombre de petits vaisseaux, déposés sans doute par quelques matelots sauvés du naufrage.

VII.

105. ROUEN.

> Là, Corneille naquit, et cet esprit puissant
> Qui créait à lui seul le théâtre naissant,
> A devancé Racine, et Quinault et Molière,
> Et son laurier normand couvre la France entière.
> Là, naquit Fontenelle, astronome mondain,
> Que les Grâces suivaient un compas à la main,
>
> CASIMIR DELAVIGNE.

Très ancienne, grande et riche ville maritime. Chef-lieu du département. Cour royale d'où ressortissent les départemens de l'Eure et de la Seine-Inférieure. Tribunaux de première instance et de commerce; chambre et bourse de commerce. Banque. Conseil de prud'hommes. Chef-lieu de la 14e division militaire. Hôtel des monnaies (lettre B). Académie royale des sciences et arts. Académie univer-

Rouen

sitaire. Collége royal. Société d'agriculture. Société d'assurances maritimes. Ecole d'hydrographie de troisième classe. Archevêché. Écoles de peinture, de sculpture et d'architecture. — ✉ ☞ — Pop. 88,086 hab. — *Établissement de la marée du port,* 1 *heure* 15 *minutes* (1).

Cette ville au deuxième siècle, était déjà considérable. Elle était connue des Romains sous le nom de Rothomagus, nom qu'elle portait encore au dixième siècle, lors de la conquête des Normands, qui le changèrent en celui de Rouen. Sous les empereurs romains, cette ville devint la métropole de la seconde Lyonnaise. En 841 ou 842, les Normands, peuples venus du nord de l'Europe, entrèrent par l'embouchure de la Seine et s'avancèrent jusqu'à Rouen, qu'ils saccagèrent après l'avoir pillée.

L'évènement le plus remarquable qui ait eu lieu dans cette cité, sous les rois de la première race, est l'assassinat de l'archevêque Préfextat, frappé au pied des autels par ordre de Frédégonde, le dimanche de

(1) Pour connaître l'heure à laquelle la mer est pleine, il faut ajouter à l'heure de l'indication de la marée autant de fois 48 minutes qu'il s'est écoulé de jours depuis la nouvelle ou la pleine lune.

Si la somme de ces 48 minutes réunies à l'heure de la marée excède 12 heures, l'excédent sera également l'heure de la pleine mer.

Pâques de l'an 586, pour avoir béni l'union de Mérovée avec Brunehaut. — Dans le cours du neuvième siècle, la Neustrie fut ravagée à plusieurs reprises par les incursions des Normands. Vers la fin de cette période, leur chef *Rollon* s'empara de Rouen et en fit une place d'armes qu'il fortifia en relevant ses murailles et ses tours. Ce fut le centre de ses audacieuses expéditions, dont le succès fut tel que le roi Charles IV se vit contraint d'entrer en négociation avec lui et conclut à Saint-Clair-sur-Epte, en 912, un traité par lequel il lui céda non seulement le pays conquis, mais encore la Bretagne. — Rouen, à cette époque, fut érigée en capitale du duché de Normandie. Cette ville devint le séjour des ducs normands, qui y firent leur résidence jusqu'au moment où Guillaume-le-Conquérant s'empara du trône d'Angleterre. En 1126, elle fut presque entièrement détruite par un incendie. Après l'assassinat du jeune Arthur, duc de Bretagne, par Jean-sans-Terre, Philippe-Auguste assiégea et prit Rouen (en 1204), qu'il réunit à la couronne ainsi que toute la province de Normandie. Lors de la démence de Charles VI, Henri V, roi d'Angleterre, mit le siège devant Rouen, et ne parvint à s'en emparer qu'après six mois de la plus vigoureuse défense, où la famine fit périr plus de trente mille habitans. Les Anglais conservèrent cette ville pendant trente années. — C'est à Rouen que fut amenée Jeanne-d'Arc, prise à Compiègne par Lyonel, bâtard de Vendôme, et vendue à ses ennemis moyennant 10,000 fr. Son procès, commencé, le 20 mai 1431, devant un tribunal de moines, se termina par une sentence qui la condamnait à être brûlée vive comme sorcière. Cet arrêt barbare fut exécuté, mais Charles VII s'étant emparé de Rouen en 1449, fit réhabiliter la mémoire de la vierge de Vaucouleurs, et ordonna l'érection d'une croix à l'endroit où elle avait été brûlée; une fontaine surmontée de la statue de Jeanne-d'Arc a depuis remplacé la croix. Rouen fut encore assiégée par Charles IX et par Henri IV.

Rouen est dans une situation très agréable sur la rive droite de la Seine, au bas d'une vallée très ouverte, autour de laquelle règne une chaîne de montagnes, coupées par les vallées de Déville et de Darnetal. Elle est en général très mal bâtie; la plupart des maisons sont construites en bois, les rues sont étroites et mal percées; quelques quartiers cependant ont des maisons bâties avec élégance. Le quai est superbe et offre une vue magnifique sur le cours de la Seine, couverte de navires et de bateaux de toute espèce. La marée, qui s'y élève très haut, lui procure l'avantage de recevoir des bâtimens de 200 tonneaux, et la met au rang des villes maritimes de la France. L'aspect de cette ville est riant et pittoresque : les coteaux qui l'environnent et s'élèvent en amphithéâtre, les îles et les prairies qui s'étendent le long de la Seine, les cours et les promenades qui l'entourent, la beauté du fleuve, couvert de bâtimens de commerce de presque toutes les nations, offrent le coup-d'œil le plus animé, le plus agréable et le plus varié qu'il soit possible de voir. Ses remparts, ses murailles ont disparu pour faire place à de jolis boulevarts, dont les allées, de la plus belle verdure, procurent aux habitans de charmantes promenades. Deux rivières, l'Aubette et le Robec, contribuent puissamment à la salubrité de cet ville et à l'industrie de ses habitans.

ÉDIFICES PUBLICS.

Vieux chateau. De cette ancienne forteresse, bâtie par Philippe-Auguste en 1205, il ne reste plus qu'une tour. Celle dans laquelle Jeanne-d'Arc avait été renfermée, a été détruite en 1780.

Tour de la Grosse-Horloge. Élevée en 1389.

C'est dans cette tour de forme carrée et d'un gothique simple, qu'est placée l'horloge principale de la ville, ainsi que la cloche du beffroi : elle est percée de grandes croisées en ogive et s'élève majestueusement jusqu'à la plate-forme, environnée d'une balustrade en fer. La voûte de la grosse horloge, qui joint l'ancien hôtel-de-ville à la tour, a été construite en 1527.

Ancien Hôtel-de-Ville. Édifice de la plus haute antiquité. Il tient à la tour de l'horloge par une voûte singulière aux côtés de laquelle sont placés deux grands cadrans qui indiquent l'heure de fort loin.

Hôtel-de-Ville. — Ce bâtiment faisait partie de la maison abbatiale de Saint-Ouen : c'était le dortoir des religieux; il est appuyé contre la croisée septentrionale de l'église si imposante qui appartenait à l'abbaye. Au premier étage sont les bureaux, au second le muséum de la bibliothèque, qui possède un grand nombre de manuscrits, parmi lesquels on remarque le fameux graduel de *Daniel d'Aubonne*, enrichi d'environ 200 vignettes de toutes couleurs et d'un nombre infini de lettres d'or, travail qui a exigé l'emploi de trente années de la vie de son auteur. Le grand escalier se distingue par la hardiesse de sa coupe ; l'escalier volant du milieu est d'une élégance et d'une légèreté admirables. — La nouvelle *façade de l'hôtel-de-ville*, élevée depuis peu d'années, se fait remarquer par la symétrie de ses différentes parties et la beauté de son style ; au centre le péristyle est soutenu par d'élégantes colonnes; à chaque extrémité de l'édifice s'élève un pavillon. Le jardin public, devant l'autre façade, est charmant et très fréquenté.

LE PALAIS DE JUSTICE. Édifice achevé en 1499. C'est un vaste bâtiment d'un gothique extrêmement délicat et très hardi dans son exécution. La grande cour est enceinte par une muraille en créneaux du côté de la rue aux Juifs, et est fermée par quatre portes, dont deux plus grandes en forme de voûtes. La principale salle de cet édifice, dite la salle des Procureurs, est remarquable par sa longueur, qui est de 170 pieds sur 50 de largeur : la charpente qui lui sert de voûte est le morceau le plus rare en ce genre ; elle représente parfaitement la carcasse d'un vaisseau renversé. Au fond de la salle des Procureurs, à droite, est une porte qui communique dans l'ancienne grande chambre, regardée comme la plus belle du royaume.

Église métropolitaine, monument aussi remarquable par l'ancienneté de son origine que par sa structure imposante. Il paraît qu'elle fut reconstruite ou réparée par Rollon, qui, après avoir embrassé le christianisme, y reçut le baptême en 912. Vers l'an 1100, les archevêques de Rouen, ayant senti la nécessité de faire bâtir leur cathédrale sur un plan beaucoup plus vaste, commencèrent par faire élever la nef et les collatéraux de l'église actuelle sur une partie des anciens fondemens; plus tard on ajouta la croisée et les chapelles de l'immense édifice que nous voyons aujourd'hui, ouvrage de plusieurs siècles, à partir du treizième jusqu'au seizième inclusivement, en exceptant la base de la tour Saint-Romain, qui offre des traces d'une antiquité plus reculée.

La façade principale de la cathédrale, quoique bâtie à diverses reprises, n'en offre pas moins un majestueux ensemble et une grande richesse de détails. Sa surface présente une largeur de 170 pieds sur 233 pieds dans sa plus grande élévation. La longueur de cette église, depuis le grand portail jusqu'à l'extrémité de la chapelle de la Vierge, est de 408 pieds; la largeur d'un mur à l'autre est de 97 pieds; la hauteur de la nef est de 84 pieds, celle des collatéraux de 42 pieds; la croisée a 164 pieds de longueur sur 26 de large; au centre est la lanterne, élevée de 160 pieds sous clef de voûte, et soutenue par quatre gros piliers supportant le soubassement d'une tour carrée, sur laquelle s'élevait naguère, à la hauteur de 396 pieds, un clocher pyramidal en charpente, couvert en plomb. Cette belle pyramide a été détruite par le feu du ciel le 15 septembre 1822 ; mais on s'est occupé de suite de sa reconstruction : déjà la restauration et l'exhaussement de la lanterne sont terminés. De cette nouvelle plate-forme s'élancera majestueusement, à 436 pieds de hauteur, une nouvelle flèche, exécutée en fonte de fer et travaillée à jour, du poids de 1,062,344 livres. La tour méridionale est d'une belle structure. Les contre-forts sont décorés de statues, parmi lesquelles on reconnaît celles d'Adam et d'Ève. Deux galeries à jour forment des espèces de ceintures horizontales. Cette partie de la tour est percée de quatre fenêtres sur chaque face, décorées d'entrelacs et surmontées de pignons à jour ; au-dessus des fenêtres règne une terrasse bordée d'une balustrade. Le portail avec ses trois portes ornées de riches sculptures, fut élevé au commencement du seizième siècle. La tour méridionale nommée anciennement la tour de Beurre, parce qu'elle fut bâtie des deniers que le clergé exigea du peuple pour lui permettre de manger du beurre pendant le carême, est appelée maintenant Georges-d'Amboise.

Cette tour renfermait la fameuse cloche appelée Georges-d'Amboise, dont le métal fut transporté, en 1793, à la fonderie de Romilly, pour être converti en canons. Quelques fragmens portés à l'hôtel des monnaies de Paris servirent à faire des médailles aujourd'hui fort rares. On lit sur une des faces :

MONUMENT DE VANITÉ

DÉTRUIT POUR L'UTILITÉ

L'AN DEUX DE L'ÉGALITÉ

L'intérieur du temple présente un bel aspect. Il reçoit le jour par 130 fenêtres, garnies pour la plupart de vitraux de couleur, exécutés partie dans le XIIe siècle, et partie à l'époque de la renaissance.

La chapelle de la Vierge est ornée d'un fort beau tableau de Philippe de Champagne, représentant l'adoration des bergers. Elle renferme aussi les tombeaux des cardinaux d'Amboise et Cambacérès.

Le palais archiépiscopal est contigu à l'église cathédrale. La galerie des états est ce que l'intérieur offre de plus remarquable. Elle est ornée de quatre grands tableaux peints par Robert. Ce sont les vues du Hâvre, de Dieppe, de Rouen et de Gaillon.

ABBAYE SAINT-OUEN. Cette abbaye, la plus ancienne de toute la ci-devant province de Normandie, fut fondée sous le règne de Clotaire ; brûlée et détruite à différentes époques, on doit sa réédification à l'abbé

Marcdargent qui, secondé par les libéralités du comte de Valois, posa le 25 mai 1318, la première pierre de la basilique que nous voyons aujourd'hui. Ainsi que la plupart des temples chrétiens du moyen-âge, l'église Saint-Ouen a la forme d'une croix latine. Quoique construite à quatre reprises différentes, c'est cependant l'un des temples qui offre la plus grande symétrie dans les différentes parties qui la composent et dans ses détails. On ne peut voir rien d'aussi beau, et assurément rien de plus beau que le vaisseau de cette admirable basilique. Du grand portail occidental on aperçoit le chœur dans tout son ensemble; c'est un cercle ou plutôt un ovale entouré de hauts piliers formés de colonnes réunies en faisceaux, et dégagé de toute espèce de cloison qui pourrait en masquer la vue; il est impossible de rien imaginer, sous ce rapport, de plus aérien, de plus séduisant: le fini et la délicatesse de ces piliers est une chose vraiment étonnante. Il existe des basiliques plus vastes, mais il en est peu, sans doute, qui comme celle-ci, réunissent, à moins de défauts dans les proportions, autant de perfection dans la masse; aussi est-elle considérée à juste titre comme un des chefs-d'œuvre d'architecture gothique. Onze chapelles, y compris celle de la Vierge, environnent le chœur de l'église, dont la longueur dans l'œuvre est de 416 pieds; sa largeur, en y comprenant les collatéraux, est de 78 pieds ; sa hauteur est de 100 pieds sous clé de voûte ; elle reçoit le jour par 125 fenêtres, sur trois rangs, sans y comprendre les trois rosaces. Le second rang de ces fenêtres éclaire une galerie circulaire intérieure qui règne au-dessus des collatéraux, où plusieurs de ces fenêtres présentent des vitraux d'une grande beauté. Il faut surtout remarquer une sibylle dans la deuxième travée du bas-côté, à gauche en entrant, et les dais gothiques de la verrière enface de la grille du chœur, dans le collatéral du midi. Le chœur était autrefois séparé de la nef par un superbe jubé dont on peut voir la gravure dans l'histoire de l'abbaye, par le P. *Pommeraye*. Après avoir été mutilé pendant les troubles de 1562, il fut détruit en 1791 lorsque Saint-Ouen fut érigé en paroisse. Contre le premier pilier de droite, en entrant par le portail occidental, est un grand bénitier de marbre ; par un effet d'optique assez curieux on voit, en regardant au fond de ce bénitier, la voûte de l'église dans toute son étendue.

Le portail présente la porte principale de l'église entre deux tours tronquées, placées diagonalement, et construites, l'une à la hauteur de cinquante pieds, l'autre à quarante pieds au-dessus du sol de la place, Indépendamment du portail principal, on entre dans ce temple par deux autres portes situées au midi. Au centre de l'édifice, s'élève majestueusement une magnifique tour, dont la base carrée présente sur chaque face deux grandes fenêtres, surmontées de pignons à jour, du style le plus riche et le plus élégant : la partie supérieure, de forme octogone, est flanquée de quatre tourelles, qui se rattachent aux angles de la tour par de légers arcs-boutants dont l'extrados est orné de jolies découpures ; cette partie de la tour, percée d'une fenêtre sur ses quatre faces, est surmontée d'une couronne ducale, travaillée à jour, de l'effet le plus pittoresque. La hauteur totale de la tour, depuis le pavé de l'église jusqu'à sa sommité, est de 240 pieds.

L'ÉGLISE SAINT-MACLOU, à l'extérieur est un diminutif de celle de Saint-Ouen ; c'est à peu près le même genre de construction ; le style pyramidal s'y retrouve partout. L'intérieur mérite toute l'attention des curieux : nous signalons particulièrement ici le charmant escalier, sculpté à jour, qui conduit à l'orgue. Cette église a conservé presque toute son ancienne vitrerie, décorée en général de figures isolées, dans le style de la renaissance.

L'ÉGLISE SAINT-PATRICE, bâtie en 1535, est une des productions les plus brillantes de la renaissance. Elle offre des vitraux de la plus grande beauté, du XVIe siècle, c'est-à-dire de la période la plus brillante de la peinture sur verre en France.

L'ÉGLISE SAINT-ROMAIN, quoique moderne, mérite d'être visitée dans tous ses détails ; sa construction date de 1679. Elle renferme le tombeau en granit de Saint-Romain, et est décorée de charmans vitraux provenant des églises de Saint-Maur, de Saint-Etienne-des-Tonneliers et de Saint-Martin-sur-Renelle, supprimées pendant la révolution.

L'ÉGLISE-SAINT-VINCENT est une jolie production de la renaissance. L'architecture intérieure est légère et gracieuse ; les vitraux en sont remarquables et dans un bel état de conservation. Cette église a été pillée en 1562.

L'ÉGLISE-SAINT-GERVAIS, élevée sur l'emplacement d'une ancienne chapelle construite par saint-Victrice en 386, renferme une crypte extrêmement curieuse, qui n'a pas moins de seize siècles d'existence. Elle est placée immédiatement sous le chœur de l'église ; on y descend par un escalier de 28 marches en pierre. Là furent inhumés les deux premiers archevêques de Rouen, saint Mallon et saint Avitien.

TEMPLE DES PROTESTANS. Depuis 1803 l'antique église de *Saint-Éloi* a été consacrée à l'usage du culte protestant. Il y avait alors dans le chœur un puits aujourd'hui fermé, dont le seau était attaché à une chaîne de fer ; c'est de là qu'est venu le proverbe, jadis très familier, et maintenant encore en usage à Rouen : *Il est froid comme la corde du puits de Saint-Éloi.* — L'ancien cimetière de cette église est devenu le Marché à la Volaille. Le nombre des protestans qui fréquentent ce temple est d'environ 1,800.

Halles. Les halles bordent les trois côtés d'une place parallélogramme, dont le milieu est abandonné à des marchands ambulans. Elles répondent par leur construction au grand commerce qui s'y fait en tout temps; et peuvent passer pour les plus belles et les plus commodes du royaume, par leur distribution et surtout par leur proximité du port. Chaque espèce de marchandise a sa halle particulière. On monte à la halle aux rouenneries, qui est la plus fréquentée, par un double escalier en pierre, formant sur le reste du bâtiment un avant-corps décoré de quelques colonnes. C'est une salle de 272 pieds de long sur 50 de large, voûtée en plein cintre, et soutenue de distance en distance par des colonnes en pierre. Le rez-de-chaussée de cette salle, également soutenu par de fortes colonnes, sert de magasin pour les marchandises arrivant de la mer. Les divers halles sont ouvertes tous les vendredis, depuis six heures du matin jusqu'à midi. Elles sont alimentées en grande partie par les immenses fabriques des pays environnans.

Théatres. Le *Théâtre des Arts*, rue des Charrettes, au coin de celle Grand-Pont, est la plus remarquable des deux salles de spectacle que possède Rouen. Sa construction fut commencée sur les dessins de l'architecte Guiroult, en 1773, et l'ouverture en eut lieu en 1776, le jour du saint, patron du grand Corneille. L'intérieur de la salle est distribué d'une manière agréable et commode, et peut contenir 1650 spectateurs ; le parterre est encore debout ; la salle a quatre rangs de loges et une galerie ; le plafond, habilement peint par un artiste rouennais, représente l'apothéose de Corneille. Au besoin le théâtre se transforme en une fort belle salle de bal. — Le *Théâtre-Français*, place du Vieux-Marché, était autrefois un jeu de paume ; il fut converti en salle de spectacle en 1793 ; la salle peut contenir 1,200 personnes. On n'y donne de représentations que pendant l'hiver.

Casernes. — *Caserne Saint-Sever*. Sur l'emplacement où elle s'élève était autrefois le *parc* ou *clos des Galées*. Ce vaste édifice est destiné à recevoir 800 hommes d'infanterie. — *Caserne du Champ-de-Mars*, sur les bords de l'Aubette. Elle est affectée à l'infanterie et peut loger 600 hommes. — *Caserne Bonne-Nouvelle*. — C'était un prieuré que fondèrent Guillaume-le-Conquérant et Mathilde, sa femme. Il fut ravagé par un incendie en 1243, par la foudre au XVIe siècle, plus tard par l'armée d'Henri IV. On le remplaça en 1655, par les nouveaux bâtimens, où 300 chevaux peuvent trouver un abri commode.

PRISONS. — *Bicêtre* est une maison de *détention* et de *correction*, divisée en deux grands quartiers absolument isolés, l'un pour les hommes, l'autre pour les femmes. Une petite partie du bâtiment est aussi réservée aux détenus pour dettes. — *Maison de Justice*, — spécialement affectée aux individus en état de mise en accusation.

HÔTEL DU BOURGTHEROUDE. — *Place de la Pucelle.* — Aucun des monumens de Rouen n'a excité plus vivement la sollicitude des érudits. On fixe l'époque de sa construction à la fin du XVe siècle. Son fondateur est Guillaume Leroux. La partie de l'hôtel du Bourgtheroude, n'a conservé de curieux qu'une jolie tourelle en encorbellement, suspendue, pour ainsi dire, à l'encoignure méridionale de la façade, et encore cette tourelle est-elle fortement endommagée. — Bourgtheroude se recommande surtout par des bas-reliefs précieux pour l'histoire de l'art. Ceux qui représentent l'entrevue de François I et de Henri VIII ont acquis une grande célébrité : ils sont au nombre de cinq, et reproduisent chacun une scène de cette mémorable entrevue. — D'autres bas-reliefs offrent des tableaux de la vie pastorale.

Ce fut à l'hôtel du Bourgtheroude que logea le comte de Scherosbery, ambassadeur envoyé par la reine d'Angleterre vers Henri IV, pour renouveler les alliances des deux royaumes et présenter au roi de France l'ordre de la jarretière.

AUTRES MAISONS. — Il existe à Rouen un grand nombre de maisons remarquables, soit par leur structure ancienne, soit par les bas-reliefs qui les décorent. Nous nous bornerons à en indiquer deux, que doit à jamais préserver de l'oubli l'avantage d'avoir vu naître deux hommes dont s'honore la France. L'une est située dans la rue des Bons-Enfans; son titre, à l'intérêt des voyageurs, est gravé, en lettres de cuivre, sur la façade, dans cette inscription : FONTENELLE *est né dans cette maison le* 11 *février* 1657. L'autre se trouve dans la rue de la *Pie*; c'est celle où le grand Corneille a vu le jour. Sur la porte on lit l'inscription suivante en lettres d'or : *Ici est né*, *le* 6 *juin* 1606, PIERRE CORNEILLE.

Le JARDIN PUBLIC, autrefois celui du monastère, et qui règne au nord, à l'est et au sud de l'église Saint-Ouen renferme une construction fort curieuse, en forme de tour, appelée *la chambre aux clercs.* Son architecture appartient au XIe siècle. L'intérieur se divise en deux étages, dont le second a reçu le mécanisme de l'horloge.

Le méridien placé contre le mur, au nord du bassin, est celui qui décorait l'ancienne Bourse découverte. A l'extrémité inférieure de l'obélisque, on voit une femme assise, représentant le commerce. La figure du Temps indique la ligne solaire. On y replaça, en 1815, le médaillon de Louis XV, qui en avait été enlevé vers 1792. Ce monument est du statuaire Paul Slotds.

Le Port de Rouen est peut-être l'un des mieux situés du royaume pour la commodité du commerce et le déchargement des navires. Ses quais, d'une fort belle largeur, se prolongent depuis le pont de bateaux jusqu'à la barrière du Mont-Riboudet, et laissent voir dans toute sa longueur une file de bâtimens qui présentent l'image d'une forêt de mâtures et de cordages. Deux promenades fort agréables terminent le port à ses deux extrémités.

PONTS

Le Pont de Bateaux. Ce pont est une espèce de machine flottante, composée de plusieurs morceaux qui haussent et baissent à proportion que le flux et le reflux repoussent les eaux de la Seine, ou leur rend la liberté de leur cours : elle est soutenue sur 15 bateaux de front dans la longueur de 270 pas ; les deux côtés, à droite et à gauche, qui tiennent lieu de parapets, sont élevés en forme de banquettes, et servent pour les gens de pied ; le milieu est pavé et destiné pour les chevaux et les voitures. On démonte ce pont avec facilité, lorsque les glaces sont à craindre, ou pour donner passage aux bateaux qui remontent à Paris : il se replie sur lui-même au moyen de roulettes de fer que font jouer des poulies en cuivre, et six hommes avec un cabestan l'ouvrent et le referment sans peine.

Le Pont de Pierre. Il est à 150 mètres en amont du pont de bateaux; la construction en fut ordonnée par décret de 1810; il ne fut livré au public qu'en 1829. Ce pont est divisé, par la pointe occidentale de l'île de la Croix, en deux parties, chacune de trois arches ; il a été décoré, en 1834, de la statue de Pierre Corneille.

Le Pont de Fer. Ce pont surmonté de colonnes en fonte et suspendu par des fils de fer, d'une construction élégante et hardie, fait face à la rue Grand-Pont et du faubourg Saint-Sever. Il est destiné à remplacer le Pont de Bateaux, dont l'entretien énorme s'élève, chaque année commune, à 30,000 francs, sans compter 20,000 pour chaque bateau qu'il faut remplacer.

Le Grand-Cours est l'une des plus belles et des plus

agréables promenades de France. L'œil y contemple avec plaisir le canal du fleuve, bordé de hêtres de la plus belle verdure, couronné par la roche Sainte Catherine, les côtes de Bon-Secours et la chaîne de montagnes qui semble se perpétuer à perte de vue ; à droite, une longue suite de prairies qui se prolongent sur l'horizon, et le village de Sotteville, dont les maisons et clocher, de forme assez pittoresque, occupent généralement la vue ; tandis que la rive gauche se prolonge ornée de jolies maisons de plaisance et de diverses manufactures.

LE COURS BOIELDIEU. Cette promenade située sur le quai à l'entrée de la rue Grand-Pont, et en face du Pont-de-Fer, est ornée d'une colonne élevée à la mémoire du grand compositeur de ce nom. Cette colonne est surmontée d'une urne funéraire qui renferme les entrailles du célèbre auteur de la *Dame-Blanche*.

On remarque encore à Rouen : la romaine ou la douane ; le tribunal de commerce ou les consuls ; l'archevêché ; le séminaire ; l'hôtel des monnaies ; l'hôpital général ; L'hôtel-Dieu ; le collège royal ; le jardin de botanique ; leMusée fondé en 1809 par Napoléon, qui le dota de plusieurs tableaux ; la bibliothèque publique, contenant 28,000 volumes et 1,100 manuscrits ; le superbe abatoir de Sotteville.

Industrie. Manufactures importantes de tissus de coton, connus sous le nom général de Rouenneries. Fabriques de draps, calicots, indiennes, siamoises, nankin, draps de coton, mouchoir, châles de coton, velours, bonneterie, couvertures, molletons, flanelles, peignes d'ivoire et de corne, confitures, liqueurs fines, colle-forte, savon, acides minéraux et produits chimiques de toute sorte, faïence, papiers peints, toiles cirées, plomb de chasse et laminé, cartes cartons, pains à cacheter, rouge d'Angleterre. Manufactures de cardes. Nombreuses filatures de coton et de laine, mues par l'eau et par la vapeur. Teintureries renommées. Raffineries de sucre, blanchisseries, tanneries; curanderies; épuration d'huiles; brasseries; moulins à scier le bois et à pulvériser le bois de teinture; fonderies de cuivre et de fer — A Lescure-lès-Rouen, fabrique de verre à vitres, de soude et de produits chimiques. Blanchisseries de toiles. Rouen possède aussi des cylindres, des calandres et des moulins à fouler et à presser les étoffes. L'art de confire les fruits y est porté au plus haut degré de perfection; c'est une branche de commerce considérable.

Commerce. La ville de Rouen est très avantageusement située pour le commerce; la marée, qui lui procure l'avantage de recevoir dans son port des bâtimens marchands, peut la faire regarder comme ville maritime. Les principaux objets de commerce consistent en grains, farines, vins, eaux-de-vie, salaisons, huiles de poisson, cuirs, drogueries, épiceries, teintures, cotons en laine et filés, chanvres, laines, fer, ardoises, brai, goudron. Draps, toiles, rouenneries, et autres articles de ses manufactures. Entrepôt réel pour les denrées coloniales et autres marchandises venant de l'étranger. Le commerce d'importation et d'exportation se fait principalement avec l'Amérique, le Levant et l'Italie, l'Espagne, le Portugal, la Hollande, l'Angleterre et les puissances du Nord, et avec tous les départemens maritimes de la France.

BIOGRAPHIE.

Rouen est la patrie de *Benserade*, poète du XVIe siècle; de *Berruyer*, jésuite historien, auteur de l'Histoire du peuple de Dieu; du P. *Brumoy*, à qui l'on doit une traduction du théâtre des Grecs; de *Corneille* (Pierre), le père de la tragédie française; de *Corneille* (Thomas), poète tragique, frère du précédent; de l'historien *Daniel*; de Me *du Bocage*; d'*Édouard Adam*, célèbre chimiste à qui l'on doit le perfectionnement de l'art de la distillation; de *Fontenelle*; de *Jouvenet*, peintre célèbre du XVIIe siècle; de Me *Leprince de Beaumont*, auteur de nombreux ouvrages d'éducation; de *Lucas* (Paul), célèbre voyageur ; de *Pradon*; du peintre *Restout ; de Boiel-dieu;* d'*Armand Carrel*, publiciste distingué, et d'un grand nombre d'hommes dont les noms, plus ou moins fameux, pourraient figurer avec honneur après ceux que nous venons de citer.

HOTELS.

Hôtel d'Angleterre, *cours Boïeldieu.*
Hôtel Vatel, *rue des Carmes.*
Hôtel de France, *même rue.*
Hôtel Albion Smilhs, *quai du Hâvre.*
Hôtel (grand) de Rouen, *quai du Hâvre.*
Hôtel (grand) de Bourgogne, *Grande-Rue.*
Hôtel du Midi, *rue des Charrettes.*
Hôtel de Lyon, *rue Grand-Pont.*
Hôtel de la Pomme de Pin, *rue Saint-Jean.*
Hôtel de Paris, *quai de Paris.*
Hôtel Sevin, *rue des Fossés Louis VIII.*
Hôtel de l'Univers, *rue des Charrettes.*
Hôtel des Vélocifères, *rue du Bec.*
Hôtel de la Rose, *place Saint-Sever.*

RESTAURANS A LA CARTE.

Restaurant Jacquinot, *cours Boïeldieu.*
Restaurant Hiesse, *cours Boïeldieu.*
Restaurant des Trois Journées, *rue Grand-Pont.*
Restaurant du Plan, *quai de Paris.*

CAFÉS.

Café Thillard, *rue des Charrettes.*
Café de France, *rue des Carmes.*
Café de Foy, *rue des Charrettes.*
Café de la Crosse, *rue de l'Hôpital.*

BAINS PUBLICS.

Bains Thillard, *rue de la Comédie.*

Bains Corneille, *boulevard Cauchoise.*

Bains Mandarins, *quai aux Meules.*

Bains du Pont-Neuf, *île Lacroix, près le pont.*

Bains du Chemin, *même île.*

POSTES.

Poste aux Lettres, *rue Saint-Nicolas.*

Le bureau des affranchissemens est ouvert depuis huit heures du matin jusqu'à cinq heures du soir, et pour les lettres non affranchies depuis sept heures du matin jusqu'à huit heures du soir. Le courrier ordinaire pour toutes les villes de France, part tous les jours à neuf heures.

Poste aux Chevaux, *rue de Fontenelle*, 20.

DILIGENCES.

Messageries royales, *rue du Bec*, 10.

Messageries Laffitte, Caillard et Cie, *rue Thouret*, 15.

Jumelles, *rue du Bec*, 12 *et* 21.

Berlines rouennaises, *rue des Carmes*, 20.

Messageries Mainot, *rue des Carmes*, *Hôtel Vatel.*

DE ROUEN

AU

HAVRE.

ITINÉRAIRE

DE ROUEN AU HAVRE :

NOMS DES VILLES, BOURGS, VILLAGES ET HAMEAUX QUI BORDENT LES DEUX RIVES DE LA SEINE.

1 Petit Quévilly. R. G.
2 Croisset. R. D.
3 Dieppedale. *id.*
4 Grand-Quévilly. R. G.
5 Petit-Couronne. *id.*
6 Le-Val-de-la-Haye. R. D.
7 Grand-Couronne. R. G
8 Hautôt. R. D.
9 Moulineaux. R. G.
10 Labouille. R. D.
11 Sahurs. R. G.
12 St. Pierre-de-Manneville. R. D.
13 Quevillon. *id.*
14 Bardouville. R. G.
15 St.-Martin ou St.-Georges-de-Boscherville. R. D.
16 Ambourville. R. G.
17 Berville. *id.*
18 Duclair. R. D.
19 Anneville. R. G.
20 Le-Mesnil-sous-Jumièges. R. D.
21 Iville. R. G.
22 Jumièges. R. D.
23 Heurteauville. R. G.
24 Yainville. R. D.
25 Letrait. *id.*
26 Guerbaville. R. G.
27 La-Mailleraye. *id.*
28 St.-Wandrille. R. D.
29 Caudebec. *id.*
30 Villequier. *id.*
31 Vatteville. R. G.
32 Norville. R. D.
33 St.-Maurice. *id.*
34 Petit-Ville. *id.*
35 Vieux-Port. R. G.
36 St.-Georges-de-Gravenchon. R. D.
37 Quillebœuf. R. G.
38 Le Mesnil-sous-Lillebonne. R. D.

39 Lillebonne. *id.*
40 Tancarville. *id.*
41 St.-Vigor. *id.*
42 Berville - sur - Mer. R. G.
43 Grestain. *id.*
44 Sandouville. R. D.
45 Oudales. *id.*
46 Rogerville. *id.*
47 Gonfreville. *id.*
48 Honfleur. R. G.
49 Petite-Heure ou N. D. des-Neiges. R. D.
50 Grande-Heure. *id.*
51 Harfleur. *id.*
52 Le Hâvre.

VIII.

De Rouen à la Bouille.

1. PETIT-QUEVILLY (R. G.)

Villa. de l'arrond. de Rouen. Pop. 1,455 hab. Bur. de p. *de Rouen.*

Fabriques de produits chimiques. Construction de machines, filatures de coton.

2 **CROISSET.** (R. D.)

Villa. de l'arrond. de Rouen. Pop. 791 hab. Bur. de p. *de Rouen.*

3. **DIEPPEDALLE.** (R. D.)

Villa. de l'arrond. de Rouen. Pop. 966 hab. Bur. de p. *de Rouen.*

4. **GRAND-QUEVILLY.** (R. G.)

Villa. de l'arrond. de Rouen. Pop. 1,578.hab. Bur. de p. *de Rouen.*

Ce village est très ancien ; il existait déja trente ans après la prise de possession de la Normandie par Rollon. Dès 1160, Henri II, roi d'Angleterre et duc de Normandie, y avait un manoir royal, dont on fit une léproserie, aujourd'hui détruite, à l'exception, de l'église de Saint-Julien, qui demeura intacte. Réuni en 1366 par Charles V au prieuré de la Madeleine de Rouen ; cédé, en 1600, aux Religieux de la trinité du Mont-Sainte-Catherine, Saint-Julien fut habité, en 1667, par les chartreux. Cette église est du XIIe siècle : une abside semi-circulaire en forme le chevet. C'est encore le zigzag du XIe siècle qui décore l'intérieur de l'édifice ; mais, étendu en rubans légers sur une file non interrompue d'arcades, il en diminue la monotonie par ses renflemens alternatifs. La muraille extérieure est couronnée par de bizarres corbeaux; mais un cordon gracieux règne au-dessus des fenêtres, et les embrasse dans ses contours arrondis. L'église de Saint-Julien offre encore cette particularité, que l'abside, moins large que le corps de l'édifice, a aussi une toiture moins élevée. Cette église, le plus intéressant et le mieux conservé des monuments de l'architecture à plein cintre des environs de Rouen, sert aujourd'hui de grange.

La terre de Grand-Quevilly fut érigée en marquisat en mai 1764, en faveur de Pierre-Bec-de-Lièvre.

Commerce de bestiaux. *Foire* le 30 juin.

5. PETIT-COURONNE. (R. G.)

Villa. de l'arrond. de Rouen. Pop. 1599 hab. — Bur. de p. *de Grand-Couronne*.

6. VAL-DE-LA-HAYE. (R. D.)

Villa. de l'arrond. de Rouen. Pop. 685 hab. Bur. de. p. de *Grand-Couronne*.

Ce villa. est situé entre la Seine et la forêt de Roumard. Un fait assez remarquable s'y passa sous Rollon, conquérant et législateur. Les Normands étant accoutumés au pillage et à regarder comme bien acquis ce que la force et les rapines avaient mis dans leurs mains, Rollon s'imagina de punir de la corde le voleur et le receleur. Un jour après avoir chassé dans cette forêt le duc entouré de ses serviteurs, était assis au-dessus du lac qu'on appelle *La Mare* lorsqu'il suspendit à un chêne des bracelets d'or. Ces bracelets demeurèrent pendant trois ans à la même place, intacts, tant on avait une grande frayeur du duc. Aujourd'hui encore cette forèt est appelée la Mare de Rollon (Roumare).

7. GRAND-COURONNE. (R. G.)

Bourg de l'arrond. de Rouen. Pop. 1165 hab. ✉ dist. Manufacture de tulle de coton.

Derrière ce bourg est la forêt de Rouvray (1), où les druides célébraient les mystères de leur culte. En 1,760 on trouva caché dans cette forêt les médailles en bronze des empereurs romains, Trajan, Antonin, Marc-Auréle ; elles gisaient à côté de quelques instrumens aratoires.

(1) Superficie 7,823 arpens.

8. HAUTOT-SUR-SEINE. (R. D.)

Villa. de l'arrond. de Rouen. Pop. 302 hab. Bur. de p. de *Grand-Couronne*

Son château appartient à M. Lezurier-de-la-Martel, ancien maire de Rouen.

9 MOULINEAUX. (R. G.)

Villa. de l'arrond. de Rouen. Pop. 180 hab. Ce lieu est dans une belle situation, sur la rive de la Seine, près de la forêt de la Londe. C'est près de cet endroit, à peu de distance de la grande route, sur un coteau qui borde la Seine, que l'on voit les ruines d'une ancienne forteresse, désignée sous le nom de *Chateau-de-Robert-le-Diable*. (Voy. *La Bouille*.)

IX.

De La Bouille à Duclair. — Le château de Robert-le-Diable. — Le prieur de l'abbaye de St.-Georges. — La roche de Gargantua.

10. LA BOUILLE. (R. G.)

Bourg de l'arrond. de Rouen. Pop. 1182 hab. ✉ *de Grand-Couronne.*

Ce village est bâti sur la pente et au pied d'un coteau escarpé, près de la forêt de la Londe, sur la rive de la Seine : un vieux château prèsqu'entièrement détruit et dont on découvre à peine les ruines dentelées, couronne le sommet du coteau; ce fut selon la tradition, la demeure de *Robert-le-Diable*. Bâti par les ducs de Normandie pour défendre le passage de la Seine, ce château est dans une superbe position, entre Moulineaux et la Bouille, presqu'en face de Sahurs. Ses débris offrent un aspect pittoresque. Ce qui reste de ce château est, comme sa chronique, une chose vague et informe qui rappelle quelques évènemens merveilleux. Aucun souvenir historique n'est lié à la topographie de cet étrange monument : une chronique, une romance, un fabliau, les dits des vieillards et des bergers, tels sont, sur ce qui le concerne, toutes les autorités du passé.

Robert-le-Diable est désigné, dans les annales èquivoques du moyen-âge, comme fils d'un ancien gouverneur de Nèustrie, premier duc de Normandie, que ses exploits aventureux et ses amours désordonnées ont rendu célèbre. Tout jeune, il battait ses camarades d'école et tua son maître d'un coup de couteau : plus tard, il vint tout armé « à un reclusage « à une lyeue près de Rouen, où il y avoit femmes qui « vivoyent religieusement. Robert entra dedans, et « fist venir deuant luy toutes les religieuses, et print « laquelle qu'il luy pleut à force, et l'emmena au « boys et la vyolla, et depuis lui trancha les ma-

» melles (1) ». Plusieurs historiens rapportent que Jean-Sans-Terre partit de ce château pour assassiner Arthur-de-Bretagne son neveu, qu'il fit périr dans la tour de Rouen. Tout ce qu'on sait de positif sur ce château, c'est que Jean-Sans-Terre le fit démolir à l'époque où Philippe-Auguste réunissait la Normandie à la France. Maintenant il n'offre plus que des ruines, dont les arbres, le lierre et la mousse, se disputent la possession. On découvre de cette position élevée, un point de vue magnifique. Les souterrains creusés sous ce manoir descendaient, dit-on, jusqu'à la Seine ; ils sont aujourd'hui obstrués presque dès leur ouverture.

Ces faits se seraient passés au temps du roi Pepin vers le milieu du VIIIe siècle. Trois cents ans plus tard, Robert-le-Magnifique, père du conquérant, fut surnommé *Robert-le-Diable* quoiqu'il fut *benin* et *doux* à ses amis (2).

La Bouille est un lieu de grand passage ; des bateaux passagers à vapeur et à voiles font régulièrement plusieurs fois par jour le trajet de ce bourg à Rouen. Près de ce lieu sont les carrières de Caumont, d'où l'on tire la meilleure pierre à bâtir, de tout le

(1) Chroniques de Normandie.

(2) *Hist. gén. de Normandie*. Rouen, 1631 ; in-fol.

littoral de la Seine. Les amateurs de géologie doivent visiter dans ces carrières la grotte de Jacqueline, surtout célèbre par la beauté et la variété des stalactites qu'elle renferme; un cours d'eau, qui fait des lacs de quelques-unes des salles de cette retraite, y entretient une éternelle fraîcheur : on évalue à plus de 500 pieds la longueur des passages qui conduisent des unes aux autres de ces grottes; des conducteurs servent de guides dans ces lieux souterrains.

11. **SAHURS.** (R. D.)

Villa. sur une position charmante; arrond. de Rouen. Pop. 753 hab. bur. de p. de *Grand-Couronne*

12. **SAINT-PIERRE-DE-MANNEVILLE.** (R. D.)

Vila. de l'arrond. de Roun. Pop. 802 hab. Bur. de p. de *Grand-Couronne.*

13. **QUEVILLON.** (R. D.)

Villa. de l'arrond. de Rouen. Pop. 426. hab. Bur. de p. de *Grand-Couronne.*

14. **BARDOUVILLE.** (R. G.)

Villa. de l'arrond. de Rouen. Pop. 346 hab. — Bur. de p. de *Duclair.*

Ce village est dans une situation pittoresque, sur la rive de la Seine, au pied d'un coteau boisé, dont le sommet est couronné par un ancien château, sous lequel le paquebot de Rouen au Hâvre passe rarement sans que les gens de l'équipage racontent la triste histoire de la châtelaine du lieu, et ses malheureuses amours avec le prieur de l'abbaye de saint-Georges, située sur la rive gauche du fleuve. Suivant cette tradition, un des abbés du monastère, qui, nouveau Léandre, passait fréquemment la Seine à la nage pour se réunir à la dame de Bardouville, dont il avait été le fiancé avant d'entrer dans la milice du seigneur, avait été surpris et tué par l'époux outragé; et, jusqu'au moment de la révolution, ajoutent les narrateurs, on célébrait chaque année à l'abbaye, des offices expiatoires pour l'âme du prieur, mort sans avoir eu le temps de se repentir.

15. SAINT-MARTIN-DE-BOSCHERVILLE.

(R. D.)

Villa. de l'arrond. de Rouen. Pop. 1,011 hab. — Bur. de p. de *Rouen*.

Ce village connu aussi sous le nom de Saint-Georges-de-Boscherville, portait dans le Xe siècle le nom de Baucheri-Villa, dont on a fait Boscherville. Il doit le nom de Saint-Georges à une abbaye de bénédictins, fondée vers l'an 1,060 par Raoul de Tancarville, chambellan de Guillaume-le-conquérant. Une partie des bâtiments du monastère a été abattue; mais l'église et le chapitre sont encore debout. L'église est fort massive, sans arcs-boutants ni piliers-boutants : elle a 206 pieds de long en dedans, 60 pieds de large et 50 de haut; la croisée a 96 pieds de long sur 26 de large; elle est terminée en rond-point aux deux extrémités, à peu près comme le fond de l'église. Le clocher est élevé à la hauteur de 180 pieds; deux tours longues et grêles comme des obélisques, accompagnent à droite et à gauche le grand portail. Cette église appartient tout entière à l'architecture à plein cintre : elle est principalement remarquable par le parfait accord de son ensemble; là, point de partie raccordée et disparate, point de constructions postérieures à la première construction; les deux petites campanilles du portique, et une seule fenêtre en ogive, ont été évidemment faites après coup. C'est à Boscherville que Guillaume-le-conquérant, reçut les honneurs de la sépulture; grâce au chevalier Héluin, qui, dans l'abandon inconcevable où le corps de ce grand homme se trouvait après sa mort, se chargea de fournir un cercueil au vainqueur d'Hating. Les moines et les prêtres de Boscherville vinrent processionnellement enlever le *corps du roi* d'Angleterre, qui depuis plusieurs heures était resté sur son lit, nu et délaissé par des serviteurs ingrats; ils lui rendirent les honneurs funèbres dans la basilique qu'il s'était plu à orner et à enrichir de ses dons.

16. **AMBOURVILLE.** (R. G.)

Villa. de l'arrond. de Rouen, près la rive de la Seine. Pop. — 205 hab. — Bur de p. de *Duclair*. En face de ce village, de l'autre côté de la Seine, est une roche nommée *la Chaire de Gargantua* (1).

17. **BERVILLE-SUR-SEINE.** (R. G.)

Villa. de l'arrond. de Rouen, près de la rive de la Seine. Pop. — 302 hab. — Bur. de p. de *Duclair*.

(1) C'est une pointe de rocher élevée, où un phare serait placé avantageusement pour les navires qui montent ou descendent la Seine.

X.

De Duclair à Caudebec. — Agnès Sorel. — L'abbaye de Jumiéges. — Les énervés. — La Mailleraye. — L'abbaye de St.-Wandrille.

18. DUCLAIR. (R. D.)

Bourg de l'arrond. de Rouen. Chef-lieu de canton, pop. 1,602 hab. ✉ 🐎

Ce bourg est dans une situation agréable! sur la route de Rouen au Hâvre, par Caudebec, sur la rive de la Seine et près de son confluent avec l'Austreberte. Le quai de Duclair, construit contre une li-

[illegible]

gne de falaises blanches sur le plateau desquelles le bourg est bâti, offre un aspect bizarre. Le mardi cette bourgade a un marché important pour le commerce des grains et des volailles, surtout des canetons élevés dans les communes voisines. Les aloses et les éperlans pêchés à Duclair jouissent d'une grande réputation parce que le mérite de ces poissons croît à mesure qu'ils sont pris à une plus grande distance de l'embouchure de la Seine. — *Commerce* de chevaux, bestiaux, cuirs, etc. — *Foires* le 10 octobre; mardi de pâques et de l'octave de la fête-Dieu. — *Marché* tous les mardis.

19. **ANNEVILLE-SUR-SEINE.** (R. G.)

Villa. de l'arrond. de Rouen. Pop. 540 hab. — Bur. de p. de *Duclair*.

20. **LE MÉNIL-SOUS-JUMIÈGES.** (R. D.)

Villa. de l'arrond. de Rouen. Pop. 491 hab. Bur, de p. de *Duclair*.

Ce village doit son nom à la maison ou Mesnil, qu'habitait Agnès Sorel pendant le séjour de Charles VII à Jumièges. Le manoir où mourut cette favorite est à présent la demeure d'un laboureur qui en a changé la distribution intérieure, mais les murs et les croisées gothiques subsistent encore tels qu'ils durent être au temps de la belle des belles. Sans doute on ne peut affirmer que ce manoir ait été habité par l'amante de Charles VII; peut-être aurait-on rencontré plus juste en faisant de cette construction modeste, la chapelle du château qui reçut ses derniers soupirs; mais si la gente Agnès est venue dans cette chapelle offrir sa prière; si elle s'est reposée sur le fauteuil de pierre formé par l'embrasure de la fenêtre gothique, il doit être doux encore d'y venir interroger son ombre, et de s'y figurer son image.

21. IVILLE. (R. G.)

Villa. de l'arrond. de Rouen, situé entre la Seine et la forêt de Mauny. Pop. 441 hab. bur. de p. de *Grand-Couronne.*

22. JUMIÈGES. (R. D.)

Bourg de l'arrond. de Rouen. Pop. 1955 hab. bur. de p. de *Duclair.*

Ce bourg est dans une position fort agréable à peu de distance de la rive de la Seine. Au VIIe siècle Clovis II et Bathilde son épouse donnèrent cette presqu'île à l'abbé Philibert, qui y fonda

en 664 un célèbre monastère dont il fut le premier abbé, brûlé par les Normands en 841 et en 851, et relevé par Guillaume-longue-épée, successeur de Rollon, qui fit reconstruire le monastère, dont on admire aujourd'hui les ruines majestueuses; mais l'église de la Vierge, n'a été relevée que par l'abbé Robert II, qui en jeta les fondemens en 1040.

Le cloître, bâti en 1530, renfermait la salle des gardes de Charles VII, longue de 102 pieds, et large de 33, unique reste des appartemens que ce monarque occupait à l'abbaye de Jumièges, lorsque chassé par les Anglais de son royaume de France, il vint y chercher un asile. Les deux églises de Jumièges renfermaient plusieurs tombeaux dignes de remarque, parmi lesquels il y en avait un qui a excité pendant long-temps les recherches des savans; ce tombeau élevé de deux pieds au-dessus du sol, représentait deux jeunes seigneurs agés de 16 ou 17 ans au plus, couchés de leur longueur sur le dos; leur habillement était noble: c'était de longues robes qui leur descendaient jusqu'aux pieds; la tunique intérieure, fermée sur la poitrine avec une boucle ou une agrafe de pierreries, laissait le col entièrement découvert; ils avaient la tête nue, ceinte en forme de diadême d'un bandeau semé par intervalles de pierres précieuses; leur chevelure frisée et bouclée ne descendait guère au-dessous des oreilles; enfin leur chaussure était liée vers la cheville du pied simplement. La tradition populaire porte que ce sont deux fils aînés de Clovis II, qui pour s'être révoltés contre leur père, eurent les nerfs des pieds et des jarrets coupés ou brûlés, d'où ils ont tiré le nom d'énervés qu'on leur a donné dans les sèicles postérieurs. Après avoir été ainsi mutilés, on les abandonna au cours de la Seine dans un bateau sans gouvernail, qui fut emporté au fil de l'eau depuis le port de Paris jusqu'à l'abbaye de Jumièges, c'est-à-dire qu'il ne fut arrêté pendant plus de soixante lieues, ni par les ponts, ni par les îles, ni par les diverses sinuosités de la rivière, et qu'il arriva sans obstacle vis à vis du monastère, dont l'abbé plein de charité accueillit les deux victimes, et non content de leur offrir un asile, les reçut au nombre de ses religieux. C'est là qu'après une vie sainte et repentante ils trouvèrent ensemble un tombeau. L'histoire des énervés est amplement décrite dans plusieurs vieilles chroniques, mais on l'a revêtue de tant de circonstances extravagantes, que ce n'est au jugement de personnes sensées, qu'un tissu de fables; de sérieuses recherches historiques ont d'ailleurs prouvé le peu de vérité de cette histoire.

Charles VII aimait beaucoup Jumièges, et y résida long-temps; c'est là qu'il perdit la belle Agnès Sorel, cette maitresse d'un roi qui fit servir à la gloire et à la liberté de son pays la passion qu'elle avait inspirée à son souverain. La gente Agnès, à qui la bienséance ne permettait pas de partager la retraite de son amant, avait cherché la sienne au petit manoir du Mesnil, où elle mourut. On soupçonna qu'elle avait été empoisonnée ; Jacques-Cœur, argentier du roi, fut accusé d'être l'auteur de ce crime, mais ses frères prouvèrent qu'elle était morte en couche, et Jacques-Cœur fut déchargé de l'accusation. Le corps d'Agnès fut inhumé à Loches, son cœur et ses entrailles restèrent à Jumièges, où on lui éleva un magnifique tombeau dans la chapelle de la Vierge. Au moment où la révolution éclata, la poussière que le tombeau renfermait fut dispersée, et le monument lui-même, arraché à la destruction, fut transporté dans le jardin d'un propriétaire voisin, où on le voit encore aujourd'hui.

C'est à Jumièges que Tassillon, duc de Bavière, vaincu par Charlemagne, contre lequel il s'était révolté, fut cacher sa honte et ses remords ; forcé de renoncer au monde, c'est là qu'il embrassa la vie monastique avec son fils Thendon, après avoir eu la tête rasée en punition de sa félonie.

Les ruines de l'abbaye de Jumièges sont aujourd'hui trop délabrées pour pouvoir donner une juste idée de son ancienne splendeur; mais elles prêtent au paysage le charme de leurs accidents et celui de leurs souvenirs. L'extrémité orientale n'est plus qu'un monceau de débris : au centre, les restes encore subsistants de la lanterne laissent deviner la grandeur des dimensions de la tour. Le toit de la nef a disparu aussi bien que celui qui surmontait la voûte des collatéraux. Ces voûtes elles-mêmes, ébranlées, crevassées dans toute leur longueur, grossiront bientôt par leur chute l'amas de ruines accumulées au-dessous d'elles. Les tours du portail occidental sont encore debout, sauf la toiture de l'un des clochers. Au pied de ces tours, qui signaient au loin, comme deux phares, la route des caboteurs de la Seine, les murailles sans toitures et souvent interrompues de cet ancien monastère élèvent dans les airs leurs pierres blanches, qui ont reçu, sans s'altérer, tant de pluies d'automne, tant de brouillards de printemps; nulle part elles ne sont assez entières pour rappeler les beaux jours de leur longue existence; nulle part aussi la main de l'homme n'a fait assez de ravages pour que tous les vestiges de leur antique splendeur aient disparu. Derrière ces tours, de l'ouest à l'est, s'étend la grande église avec ses colonnes qui ne supportent plus de voûtes, et sa large nef démantelée du côté de l'orient. Au midi de ce vaisseau, l'église

Saint-Pierre, longue seulement comme la nef du temple principal, s'étend parallèlement à cette construction ; le chapitre et le dortoir des anciens moines sont situés vers le bas de cette seconde basilique ; un vaste cloître, au milieu duquel est resté un if, aussi vieux peut-être que le monastère, les séparait de la salle des gardes de Charles VII, qui s'étend du nord au sud, à la hauteur du porche de la grande église ; dans cette salle, de vieilles fresques, à moitié enlevées avec le revêtement qui les supportait, et dans lesquelles dominent surtout les couleurs tranchantes, rappellent les traditions de l'antique histoire du monastère sans leur donner plus d'authenticité — Rien n'est aussi imposant pour les esprits susceptibles d'impressions fortes à la vue des monumens des vieux âges, qu'une promenade à travers les ruines de l'abbaye de Jumièges ; sous la voûte de son porche, surmonté de longues tours carrées qu'habitent de nombreuses familles de cornis et de choucas, voltigeant incessamment autour de leurs flèches ; au pied de ces colonnes qui semblent attendre une voûte en remplacement de celle dont les débris gissent à leur base ; de ces ogives sans vitraux, où les infiltrations pluviales ont imprimé des traces verdâtres ; de ces murs au sommet dentelé par la destruction et tapissé d'une végétation dont les oiseaux de la tour ou le vent des orages ont jeté les semences au plus haut du monument. A travers les crevasses de la pierre, on voit souvent des os blanchis arrachés à un cimetière voisin, et suspendus à cette hauteur dans les encaissemens de la muraille; car sur ce sol de sable, quand les matériaux naturels de la construction manquaient aux cénobites, ils y suppléaient à l'aide des débris de leurs charniers; et chaque dégradation du temple de Jumiéges laisse à nu ou fait rouler sur le sol quelque catacombe aérienne dont les ossemens appartenaient déjà sans doute à une époque reculée, quand la truelle des maçons du monastère les plaça dans ce nouveau sépulcre.

23. HEURTEAUVILLE. (R. G.)

Villa. de l'arrond. de *Rouen*. Pop, 640 hab. Bur. de p. de *Duclair*,

24. YAINVILLE. (R. G.)

Villa. de l'arrond. de *Rouen*. Pop. 267 hab. Bur. de p. de *Duclair*.

La Mailleraie

25. TRAIT (R. G.)

Villa. de l'arrond. de *Rouen*. Pop. 501 hab. Bur. de p. de *Duclair*.

26. GUERBAVILLE (R. G.)

Villa. de l'arrond. d'Yvetot, près de la forêt de Brotone, sur la route d'Yvetot à Pont-Audemer, à peu de distance de la Seine. Pop. 2042. hab. — Bur. de p. de *La Mailleraye*. Le beau château de La Mailleraye est situé dans cette commune. La terre de Guerbaville fut érigée en marquisat par lettres patentes du mois de décembre 1653, en faveur de Bretel-de-Grimonville.

27. LA MAILLERAYE. (R. G.)

Anciennement Meslerée, en latin *Mespiletum*, village et beau château de l'arrond. d'Yvetot. — Pop. 777 hab. — ✉ — Il est dans une situation fort agréable sur les bords de la Seine, près de la forêt de Brotone. Le château de la Mailleraye est un édifice très vaste, dont les terrasses élevées et les constructions irrégulières sont parallèles au cours de la Seine ; l'architecture présente le caractère de plusieurs âges. Le parc, remarquable par sa belle distribution, peut être comparé aux charmans jardins de Méréville, de Morfontaine ou d'Erménonville. Les curieux vont surtout visiter avec empressement la ferme pittoresquemeut située au milieu des hautes futaies. La ménagerie d'oiseaux aquatiques qui peuplent les étangs de cette enceinte, l'ermitage, le colombier, le parasol et surtout le pavillon oriental bâti sur un tertre d'où l'œil embrasse la vaste étendue du parc. On aperçoit de ce beau lieu les restes de l'abbaye de Jumièges. C'est au-dessous de la Mailleraye que commencent, avec la largeur de la Seine, les dangers de la navigation fluviale. Vers ce point, le chenal navigable occupe le milieu entre les deux rives ; à droite et à gauche s'étendent des bancs de sable presque élevés à fleur d'eau. La Mailleraye est la première posée de la Seine, en descendant de Rouen ; mais les bâtimens n'y restent que dans les marées où le fleuve manque de profondeur dans les passes de Caudebec.

C'est à La Mailleraye que se trouvent les premiers chantiers de construction navale qu'on rencontre depuis Rouen. La terre de Mailleraye fut érigée en marquisat par lettre patente du mois de décembre 1563, en faveur de Louis-Bretel-de-Grimonville, et appartient aujourd'hui à Mme de Mortemar, digne héritière des vertus de Mme Nagu, sa mère. La

Mailleraye a vu naître M. Bignon, député dont l'éloquence s'est fait admirer plus d'une fois à la tribune nationale.

28. St. WANDRILLE. (R. D.)

Villa. de l'arrond. d'Yvetot, pop. 1,008 hab. Bur. de p. *de Caudebec.* — Ce village situé près de la route de Rouen à Caudebec, doit son origine à l'abbaye de Fontenelle; fondé par St Wandrille en 684, la onzième année du règne de Clovis. Dans les plus anciens monumens qui nous restent de ces temps-là, l'abbaye est appelée du nom de Fontenelle, à cause du ruisseau de ce nom qui prend sa source à côté du monastère : ce n'est que dans le XIe siècle qu'elle prit le nom de son fondateur.

L'église abbatiale, bâtie par saint Vandrille lui-même, était en grande vénération parmi le peuple; le corps du fondateur y fut enterré, ainsi que celui de son second successeur, et même ceux de plusieurs autres religieux du monastère. Cette église fut réduite en cendre une première fois en 756, et une seconde fois par les normands en 862; elle ne fut rebâtie et remise sur pied qu'au commencement du XIe siècle. En 1250, un incendie la détruisit de nouveau; et, quoiqu'on se soit occupé de suite de sa reconstruction, cette église ne fut rebâtie que vers le milieu du XIVe siècle ; et même depuis cette époque jusqu'à nos jours, ce vaste et beau monument est-il toujours demeuré imparfait. La nef n'a jamais été close ni voûtée que jusqu'à lat roisième travée. C'est dans l'enceinte de l'abbaye que Théodoric, fils de Childéric, dernier roi de la dynastie Mérovingienne, termina ses jours. — L'abbaye de Fontenelle a compté dans les temps anciens, jusqu'à trois cents religieux. Saint Angise avait enrichi ce monastère d'une bibliothèque nombreuse :

En 1631, la tour supportée par quatre gros piliers s'écroula subitement, renversa une grande partie du chœur et détruisit la nef entièrement. Plus de ving ans se passèrent avant que l'église pût être restaurée, t quoiqu'on ne laissât pas passer une année sans y employer des sommes considérables. Le service divin y fut rétabli en 1647, mais les réparations ne furent tout-à-fait terminées qu'en 1727.

L'église Abbatiale de Saint-Vandrille n'offre aujourd'hui que des ruines ; mais ces ruines sont imposantes et majestueuses ; ce ne sont plus que des fûts de colonnes, des corniches brisées, des chapitaux versés. Une herbe épaisse a pris possession du sol, où l'inscription tumulaire indiquait çà et là le nom d'un abbé, l'époque de son avènement, le jour de sa mort, et perpétuait d'âge en âge les traditions du monastère.

Chaque jour voit disparaître une portion de ces restes vénérables, et le moment n'est pas éloigné, peut-être, où on cherchera vainement les débris même de ces ruines.

Le cloître et le réfectoire existent encore dans leur entier. Ils renferment aujourd'hui une filature de coton, mue par une machine à vapeur de la force de six chevaux. Le cloître est un des plus magnifiques monumens de ce genre qui ait échappé au vandalisme des derniers temps. A son extrémité orientale est une jolie porte ogive, du plus beau gothique, par laquelle on accédait dans l'intérieur de l'église. Auprès de cette porte est une grande statue de la Vierge, qui mérite de fixer l'attention.

Parmi tous les oratoires élevés autour du monastère par les religieux de Fontenelle, se voit l'antique chapelle de Saint-Saturnin. Elle couronne la montagne au nord de l'abbaye, et présente quelques restes fort curieux d'architecture romaine.

A cinquante pas à l'est de l'abbaye, s'élevait autrefois la célèbre église de Notre-Dame de Caillouville. Sur son emplacement on a construit un petit calvaire. A peu de distance se trouve une fontaine, soi-disant miraculeuse, dont la renommée n'a depuis plusieurs siècles, rien perdu de son crédit. Tous les premiers vendredis de mai, il se rassemble en ce lieu un grand concours de peuple, soit pour prier, soit pour s'y acquitter d'un vœu. Jusqu'à l'arrivée de l'arrière saison, les baigneurs arrivent aussi à Caillouville, où par un calcul quelque peu teinté de simonie, on ne laisse plus emporter de l'eau de la fontaine, à moins de cinq à six sols la pinte.

IV.

De Caudebec à Tancarville.

29. CAUDEBEC. (R. D.)

Jolie ville de l'arrond. d'Yvetot, chef-lieu de cant. Pop. — 2850 hab. — Cette ville est dans une situation pittoresque au pied d'une montagne boisée au débouché d'une belle vallée, sur la rive de la Seine, qui y forme un port commode, mais peu fréquenté. Elle était anciennement connue, sous le nom de

Chaldebec, et avait un port sur la Seine dès le IXe. siècle; il est probable que des pêcheurs y formèrent les premiers établissemens. En effet Caudedec fut longtemps l'entrepôt des pêches de la Seine, et le commerce qui en résultait était si considérable que cette commune en avait pris pour ses armoiries trois éperlans d'argent sur un fond d'azur, aux trois éperlans a été substitué trois saumons par ordonnance royale du 30 janvier 1826. Caudebec est une ville bien bâtie et fort agréable. La partie située sur la Seine est bordée de beaux quais bien ombragés, d'où l'on jouit d'un des plus beaux points de vue qu'offre le cours du fleuve. Elle est traversée par la petite rivière de sainte-Gertrude, qui se sépare en deux bras avant de se jeter dans le port, divisé en deux parties. L'église paroissiale est un édifice remarquable du XVe siècle, où l'artiste a prodigué à l'extérieur tous les trésors de l'architecture gothique. Le grand portail, en particulier, est un chef-d'œuvre d'élégance et de délicatesse. La tour, surmontée d'une flèche élancée, est entourée de trois couronnes qui semblent figurer la tiare romaine. On ne doit pas manquer de visiter dans l'intérieur la chapelle de la Vierge, qui renferme un pendentif admirable. — Caudebec a figuré dans l'histoire comme place de guerre : au XIe siècle, Guillaume-le-Conquérant passa la Seine devant cette ville, en se rendant à Arques. Après la prise de Rouen par Henri V, roi d'Angleterre, en 1,419, cette ville refusa de se soumettre, Henri V la fit assiéger par le comte de Warvick et le célèbre Talbot, qui ne s'en emparèrent qu'après six mois de tranchée : Talbot en fut nommé gouverneur. — Pendant l'invasion anglaise sous Charles VII, les anglais, qui en étaient maitres depuis 1419, l'évacuèrent en 1,450. Durant les guerres de la ligue, en 1,582, les protestants s'en emparèrent. En 1,592, le duc de Parme, poursuivi par Henri IV, passa la Seine sous ses murs pour éviter le combat. Depuis cette époque, Caudebec n'a été le théâtre d'aucun évènement remarquable. Vers la fin du XIIIe siècle et au commencement du XVIIIe siècle, elle perdit ses fortifications, remplacées aujourd'hui par de jolis jardins élevés en amphithéâtre.

Caudebec a possédé long-temps divers établissemens d'industrie. Ses fabriques de gants en peau de chèvres, ses tanneries, et surtout sa chapellerie, jouissaient d'une réputation justement méritée. La révocation de l'édit de Nantes, qui força tous les ouvriers protestans de cette commune à s'expatrier, porta un coup mortel à son commerce. — Aux environs, on remarque les ruines de l'église Sainte-Gertrude, qui renferme de magnifiques vitraux; et la chapelle de Notre-Dame de Barre-y-va, joli édifice du XIIIe siècle.

Manufactures de toiles à voiles. Fabriques d'amidon, savon, cuirs, chapeaux, raffineries de sucre, tanneries, teintureries, filatures de coton. Blanchisserie. — *Commerce* de biscuit pour la marine, grains, légumes secs, fruits, volailles, poissons, plumes, fromages, ardoises, plâtre, fer, charbon de terre, planches de sapin du nord. — Marchés considérables pour les grains. Foire le 15 mars, 20 septembre et le samedi avant le 22 juillet etc. Entrepôt de tout le pays de Caux. — *Hôtel* de la Poste.

30. **VILLEQUIER.** (R. D.)

Bourg de l'arrond. d'Yvetot. Pop. 858 hab. — Bur. de p. de *Caudebec.* Ce bourg est dans une charmante situation, sur la rive de la Seine, au pied d'un coteau boisé, dont le sommet est couronné par un château, habité par l'honorable famille de ce nom. Il n'a qu'une seule rue parallèle au cours de la Seine. On y remarque à la fois la propreté exquise qui règne dans l'intérieur des habitations, et qui rappelle l'aspect des villages hollandais, et des constructions d'une nature toute particulière, suspendues au-dessus des eaux, presque devant chaque maison. A l'ouest s'élèvent des chantiers de constructions pour des bâtimens d'un petit tonnage. On jouit près de cette ville d'un des plus beaux sites et des plus beaux points de vue qu'offre le cours de la Seine. — Villequier est la station de 39 pilotes lamaneurs et de 8 aspirans, dont le ministère se borne à conduire les bâtimens, autres que les petits caboteurs de la Seine, depuis Villequier jusqu'à la Mailleraye. Au-delà de ce point la navigation ne présente plus de dangers, et la présence d'un pilote à bord n'est plus exigée des capitaines. Ce bourg est la seconde posée de la Seine : c'est là que s'arrêtent, soit en montant, soit en descendant le fleuve, les navires que le jusant ou la marée force de suspendre momentanément leur voyage; c'est là qu'ils attendent le moment de le reprendre. Quelquefois, dans les basses mers, les bâtimens qui descendent de Rouen, sont forcés de rester plusieurs jours à l'ancre devant Villequier, en attendant que le retour des hautes marées, que les marins appellent revif, donne assez de profondeur au lit du fleuve entre ce point et Quillebœuf.

31. VATTEVILLE-LA-RUE. (R. D.)

Villa. de l'arrond. d'Yvetot. Pop. 1,226 hab. Bur. de p. de *La Mailleraye*.

32 NORVILLE. (R. D.)

Villa. de l'arrond. du Hâvre. Pop. 579 hab. Bur de p. de *Lillebonne*.

33. St. MAURICE-DÉTÉLAN. (R. D.)

Villa. de l'arrond. du Hâvre, près d'un coteau dont le sommet est couronné par un ancien château. Pop. 319 hab. Bur. de p. de *Lillebonne*.

34. PETIT-VILLE. (R. D.)

Villa. de l'arrond. du Hâvre, Pop. 296 hab. Bur. de p. de *Lillebonne*.

35. VIEUX-PORT. (R. G.)

Joli hameau qu'on distingue sur la rive à travers un riant feuillage.

36. St. GEORGES-DE-GRAVENCHON. (R. D.)

Villag. de l'arrond. du Hâvre, sur le ruisseau de Gravenchon, à peu de distance de la Seine. Pop. 231 hab. Bur de p. de *Lillebonne*.

Il existe dans ce lieu, une église en ruines du XVe siècle. La voûte de l'abside est écroulée, mais les fenêtres subsistent encore, avec quelques panneaux de vitres historiées. Dans le mur septentrional de la nef, est enclavée une pierre de vingt-trois pouces de haut sur quatorze de large, offrant un bas-relief composé d'une seule figure très-fruste et représentée nue. L'affreuse barbarie de son exécution, semble indiquer un travail gaulois, ce qui donnerait à ce monument une antiquité fort reculée.

37. QUILLEBEUF. (R. G.)

Bourg. de l'arrond. de Pont-Audemer Pop. 1,345 hab. ✉ Dist.

C'était autrefois une ville fortifiée. Henri IV attachait de l'importance à cette position; il y fit faire des travaux considérables. Quillebeuf changea même quelque temps son nom pour celui de *Henriqueville*; mais ici, comme au Hâvre l'ancienne dénomination prévalut. Deux ans après la mort de Henri IV, la reine Marie de Médicis fit raser les fortifications de Quillebeuf. En 1616, le maréchal d'Ancre commençait à les relever : le parlement réclama; tout ce qui avait été fait fut démoli en 1622. Les dangers de la navigation de la Seine exigent rigoureusement le secours de pilotes qui connaissent les rochers et les bancs fixes, et qui observent sans cesse les variations des sables mobiles et des courans. Les pilotes établis à Quillebeuf, sont au nombre de quatre-vingt-dix-neuf et ce nombre subsiste depuis un temps immémorial, il ne s'élève jamais à cent, on ne sait pourquoi, conduisent les navires du Hâvre et de Honfleur à Villequier et réciproquement.

Les Quillebois ne forment qu'une grande et même

famille. Le lien conjugal est en grande vénération parmi eux, et fait la félicité des ménages. On assure que, de l'instant qu'un garçon a fait choix d'une fille, elle se tient certaine d'être sa femme, et que, de ce moment elle prend soin du ménage du garçon; l'usage le permet ainsi. Celui des deux futurs qui manquerait à sa parole, serait deshonoré aux yeux de ses compatriotes. Le passage de Quillebeuf une fois franchi, la navigation de la Seine jusqu'à Rouen n'offre plus de dangers.

38. Le MESNIL-SOUS-LILLEBONNE. (R. D.)

Villa. de l'arrond. du Hâvre, Pop. 260 hab. Bur. de p. de *Lillebonne*.

39. LILLEBONNE. (R. D.)

Dans une vallée pittoresque et égayée par de nombreuses fabriques, ch. l. de cant. arrond, du Hâvre. Pop. 2,924 hab. ✉ 🐎 — Cette ancienne ville est la *Julia Bona* des Romains : placée au centre de plusieurs voies fréquentées elle a eu beaucoup d'importance dans leur temps. Il reste quelques vestiges de ses chaussées. On trouve aussi à Lillebonne un amphithéâtre, des souterrains, des tombeaux, des urnes sépulcrales, des médailles, débris antiques qui attestent sa splendeur passée. — Le château d'Harcourt, ancien manoir de Guillaume-le-conquérant, qui l'appelait son palais ducal, qui domine cette ville, offre de belles ruines du moyen-âge. C'était une des plus fortes citadelles de la Normandie.

XII.

Tancarville. — Le Tournan. — Arthur et Loïse. — La Pierre du géant. — La Barre. — De Tancarville à Honfleur.

40. TANCARVILLE.

Villa. et ancien château de l'arrond. du Hâvre, Pop. 453 hab. Bur. de p. de *Saint-Romain.*

Le château de Tancarville, situé sur un promontoire élevé qui domine le fleuve presque à pic, est un vieux manoir en ruines dont la masse grise se dessine agréablement sur le fond d'une colline brisée. C'était jadis la demeure des barons de Tancarville, chambellans nés des ducs de Normandie, qui obtinrent du roi Jean en 1352, l'érection de cette baronnie en comté. Les sires de Tancarville se sont rendus anciennement célèbres par leurs exploits ; mais si on les considère dans l'intérieur de leurs seigneureries féodales, on ne trouve rien de plus misérable et de plus funeste que leurs dissensions avec leurs voisins; un des premiers seigneurs de Tancarville en est la preuve.

Au temps du roi Philippe-le-bel, dit la chronique de Normandie, il y eut une grande discussion entre deux grands barons de Normandie, c'est à savoir le sire de Harcourt et le chambellan de Tancarville, pour cause d'un moulin, et à prendre la possession y eut grand débat. Le Tors (ainsi nommé à cause d'une difformité naturelle) de Harcourt, lui cinquantième de gens armés, battit les gens audit chambellan de Tancarville, et par force il eut possession dudit moulin. Le chambellan sut que ses gens furent villenés, il fit semondre des hommes et arriva avec ses amis, au nombre de bien trois cents à Lillebonne, où etaient le sire de Harcourt et le Tors son frère. Là vint courir le chambellan et leur cria grands outrages et mauvaisetés; le sire de Harcourt l'en démentit et eut grand assaut, car ledit sire de Harcourt issit aux barrières avec tous ses gens et très bien se défendirent, et il y eut gens tués de côté et d'autre. Le roi si les envoya adjourner par messire Enguerrand de Marigny à comparer devant lui. Or, avint comme ils allaient à court, le sire de Harcourt trouve le chambellan et lui courut sus et lui creva du doigt de son gantelet l'œil sénestre, puis s'en retourna à ses gens. Quant le chambellan fut guéri, il alla devant le roi et appela de gaige ledit sieur de Harcourt. Monsieur Charles de Valois, frère du roi, aimait moult le sire de Harcourt, et le plégea (lui donna raison), et vint à court. Messire Enguerrand de Marigny, grand conseiller du roi, dit que sire de Harcourt avait fait trahison; monsieur Charles dit non; messire Enguerrand démentit monsieur Charles, dont après le paya si cher qu'il en fut pendu, ja soit qu'il fut prud'homme. La bataille fut adjugée, et vint sire de Harcourt en champ, armé de fleurs de lys, et se combattirent les deux barons très fièrement. Le roi d'Angleterre et le roi de Navarre, qui là étaient présens, dirent et prièrent au roi de France, que la bataille cessât, et que dommage serait si de si vaillans hommes comme ils étaient tuaient l'un ou l'autre, dont fut crié hô! de par le roi de France, et furent tous deux faits contens, et par les dits rois fut la paix faite vers l'an 1300. L'histoire ajoute que le duc d'Harcourt fut condamné à une amende de 50 livres tournois de rente envers le chambellan, amende qui précéda le raccommodement que scella le roi lui-même. Ainsi fut terminée par une aussi légère punition le meurtre de plusieurs vassaux causé par l'esprit turbulent des deux seigneurs voisins de Lillebonne et de Tancarville.

A cette chronique M. Morlent auteur du voyage historique et pittoresque du Hâvre à Rouen ajoute :

A l'est du château est la tour de l'Aigle. Là vivait autrefois une jeune fille belle et pure comme la pensée de l'innocence. Alfroy, son tuteur, la tenait sous les verroux ; il voulait la contraindre à l'aimer ; il voulait s'unir à elle par des liens indissolubles ; mais le cœur de la pupille avait senti l'amoureuse flamme. Arthur, simple écuyer, était possesseur de ce trésor inestimable. Loïse, c'était le nom de la belle captive, avait vu quinze fois la ravenelle sauvage fleurir sur les murs du château ; Arthur, comptait dix huit printemps. Sous l'habit d'un menestrel il s'était introduit dans le manoir, et le farouche Alfroy l'avait pris à ses gages. A la faveur de ce déguisement, le gentil menestrel pouvait à chaque instant du jour voir son amie, entendre ses doux aveux..... Ce bonheur fut un songe. Une duègne perfide trahit les deux amans ; Alfroy chercha le bel Arthur pour l'occir ; l'amour le couvrit de son aile : il conserva la vie ; mais il perdit plus, il perdit sa maîtresse. Loise fut enfermée dans un donjon; là, gémissante, les yeux fixés sur les flots mobiles tant que durait le jour, elle leur demandait Arthur. — Une nef à la blanche voile s'approchait-elle du rivage, son cœur palpitait, elle croyait en voir descendre son ami : vaine espérance. Un soir, la jeune captive pleurait en songeant au menestrel fugitif; elle l'appelait encore... O surprise ! une voix touchante a retenti. C'est la voix de son amant : elle regarde a travers les barreaux; qu'aperçoit-elle? O bonheur! c'était Arthur au pied de sa prison, luttant, dans une faible nacelle, contre la vague en courroux. « Adieu, douce amie, lui dit-il; ne pou-« vant plus vivre pour toi, je vais chercher la mort : « la Palestine sera mon tombeau. Donne une larme « à mon trépas; mais, avant que je quitte ces lieux « accorde-moi un gage de ton amour. » Loïse tremblante cherche à le détourner de sa fatale résolution; elle lui crie de rester pour l'aimer et lui rendre la liberté; mais les vents emportent sa prière..... Elle lui jette un mouchoir trempé de ses larmes; Arthur le baise avec transport, le pose sur son cœur, dit adieu à sa maîtresse, et la nacelle le porte sur l'autre rive,

Depuis le départ d'Arthur, le soleil avait trois fois rendu la vie à la nature, lorsqu'un jour, au lever de l'aurore, Alfroy fit amener devant lui sa pupille inconsolable. « Ce soir, lui dit-il d'une voix semblable « au bruit du tonnerre, ce soir je serai ton époux, — « Arthur a reçu mes sermens, répond l'infortunée; « je suis à lui tant qu'il vivra. » Le féroce Alfroy lui présente un mouchoir teint de sang, et lui dit avec un sourire amer : « Vos nœuds sont rompus. » Loïse épouvantée veut parler; le cri de la douleur expire sur ses lèvres; il sortit un soupir de sa bouche, ce soupir fut le dernier.

Les débris de ce vieux château datent en partie des temps féodeaux, en partie du siècle dernier; mais les monumens de son premier âge, sont restés plus intacts que ceux de la deuxième époque. M. le Brun a composé, dit-on, au château de Tancarville les belles tragédies de *Marie-Stuart*, et d'*Ulysse*. Ce château de Tancarville, ayant appartenu pendant vingt ans à l'hospice du Hâvre, a été rendu en 1825, à la famille de Montmorency, moyennant une indemnité de 6,000 f. Il est aujourd'hui la propriété de M. de Lambertye, petit-gendre de madame Montmorency-Fosteux. — Entre la vallée du Mesnil et celle de Tancarville, une roche conique d'une assez grande hauteur, appuyée sur une falaise couverte de verdure, sert de point de reconnaissance pour la navigation de la rivière. La nature offre peu de tableaux plus magnifiques que celui qui se déroule à la vue du haut de Pierre-Gante ou

Pierre *Géant* du nom que les habitans du pays ont donné à ce roc énorme qui paraît prêt à se détacher et à s'écrouler dans le fleuve.

La barre. A chaque marée on remarque sur la Seine ce phénomène singulier, causé par la lutte des eaux qui descendent et de celles qui remontent, qu'on nomme *mascaret* dans la Gironde. Sur la Seine on l'appllee *la barre*. Les bancs de sable, les caps et falaises changent la direction et l'aspect de cette barre, cependant elle monte jusqu'à Jumièges et quelquefois jusqu'à Rouen sous la forme d'une vague énorme et prolongée ; elle s'avance avec bruit, couverte de mousse et d'écume, s'engage au milieu des bancs et franchit avec rapidité leurs passes étroites. On l'entend gronder quarante minutes avant son apparition. Quand elle arrive à un étranglement du lit de la Seine, formé par le rapprochement des deux rives et par le défaut de profondeur du chenal trop resserré pour la masse des eaux, elle prend une violence qui effraie les plus hardis marins. Remontant contre le courant, elle pousse, frappe, emporte, tout ce qu'elle rencontre, renverse les terrains anguleux qui l'arrêtent, inonde les prairies, détruit les îles, en forme d'autres et par ses ravages jette partout l'effroi et la consternation. C'est à l'époque de la pleine et de la nouvelle lune et des équinoxes, qu'elle est le plus à craindre : malheur aux marins qui oseraient alors la braver sans le secours d'un pilote ! ils périraient infailliblement. Le passage ne dure ordinairement qu'un quart d'heure, mais il inspire tant de frayeur, que le temps paraît d'une longueur insupportable.

41. St. VIGOR-D'YMONVILLE. (R. D.)

Villa. de l'arrond. du Hâvre, Pop. 714 hab. Bur. de p. de *Saint-Romain.*

Ce village renferme une caverne, où la superstition et la crédulité ont placé la scène de plus d'une aventure amoureuse.

42. BERVILLE. (R. D.)

Villa. de l'arrond. d'Yvetot, Pop. 1148 hab. Bur. de p. de *Boudeville.*

Ce village est réputé pour sa pêche de l'éperlan, poisson délicat qui exhale au sortir de l'eau une odeur de violette, quelques harengs, la crevette ou chevrette appelée aussi salicoque, le chien de mer ou roussette, la lamproie, le pinperneau, des crables, le flondre ou plie, la sole, le carrelet, le mulet, l'alose, l'esturgeon et le saumon ; il y a environ trente ans, une grosse baleine fut pêchée dans cet endroit, et dix ans après les filets des pêcheurs ramenèrent un cachalot ; il paraît que ce monstre marin avait aumoins cinq pieds de diamètre : deux hommes de la taille de cinq pieds quatre pouces, placés de chaque côté du poisson, ne pouvaient s'apercevoir au-dessus de l'animal qu'en s'élevant sur la pointe des pieds.

43. GRESTAIN. (R. G.)

Ancienne abbaye qui fut bâtie et fondée par les Bénédictins en 1040, par un seigneur voisin nommé Herquin comte de Conteville, elle renfermait le tombeau de la mère de Guillaume-le-conquérant, Harlotte ou Harlette qui depuis la mort de Robert père de Guillaume, avait épousé ce même Harquin. L'abbaye de Grestain fut incendiée le 20 mai 1139, rebâtie, puis détruite et dépouillée de tous ses biens en 1363, par les Anglais, puis enrichie par ces mêmes Anglais cinquante ans après sa spoliation. Les scènes scandaleuses qui se passèrent dans cette abbaye firent à la sollicitation d'un évêque reformer cette communauté corrompue. Charles VII venait de Jumièges se rendant au siège de Honfleur quand il passa une nuit sous les voûtes de l'abbaye de Grestain; elle est changée aujourdihui en un joli petit manoir.

44. SANDOUVILLE. (R. D.)

Villa. de l'arrond. du Hâvre, Pop. 358 hab. Bur. de p. de *Saint-Romain*.

45. OUDALES. (R. D.)

Villa. de l'arrond. du Hâvre, Pop. 204 hab. Bur. de p. de *Saint-Romain*.

Ce village était célèbre au moyen-âge par les excellens vins que produisait son territoire, et pour lesquels les moines de Graville, qui en avaient la dîme, eurent plus d'une fois querelle avec les autres religieux du voisinage. Plusieurs chartes et contrats du XVe siècle font mention de la vigne d'Oudales ; on y voit encore quelques treilles, mais il arrive très souvent que le raisin qu'elles portent n'atteint pas sa maturité.

46. ROGERVILLE. (R. D.)

Villa. de l'arrond. du Hâvre, Pop. 284 hab. Bur. de p. de *Harfleur*.

47. GONFREVILLE-L'ORCHER. (R. D.)

Villa. de l'arrond. du Hâvre, Pop. 566 hab. Bur. de p. de *Harfleur*.

A peu de distance de Gonfreville sur le bord de la

Seine, est le château d'Orcher dont la structure massive et sans goût, bien que moderne, remplace une antique forteresse qui défendait jadis l'entrée du fleuve.

C'est dans la belle saison le rendez-vous de tout ce que le Hâvre renferme d'amateurs des plaisirs champêtres, et rien ne justifie mieux leur prédilection pour cette promenade que la position de cet agréable domaine. De la vaste terrasse, située à l'ouest du château sur l'escarpement d'une falaise, l'œil embrasse, depuis le marais Vernier, situé de l'autre côté de la Seine jusqu'aux derniers bancs de l'embouchure de cette rivière; depuis le versant méridional de la côte des phares, jusqu'à l'extrême horizon de l'océan, se présente un des plus riches tableaux que l'imagination puisse créer, ou le pinceau reproduire. La Seine laisse à sec dans les basses marées, un vaste espace entre le pied de la Falaise d'Orcher et son chenal; mais au moment du flux, toute cette grève, habitée par des milliers d'oiseaux de mer, est couverte d'eau.

A travers les crevasses de la roche sur laquelle le château est assis, coulent lentement les eaux d'une source qui contient des sels incrustans. On l'appelle la fontaine pétrifiante.

Le château d'Orcher s'aperçoit de très loin en

mer ; il sert de point de reconnaissance aux bâtimens qui veulent jeter l'encre dans la rade du Hâvre et attendent la marée. Ce vieux château appartient à la fille de la bienfaisante marquise de Nagu, madame de Mortemart, qui abandonne généreusement son beau parc à tous les promeneurs.

XIII.

Honfleur. — La Chapelle de grâce. — Notre-Dame des Neiges. — Harfleur.

48. HONFLEUR. (R. G.)

Ville de l'arrond. de Pont-l'Évêque départ. du Calvados, Pop. 8,890 hab. ✉

La situation d'Honfleur est très agréable; cette ville bâtie en amphithéâtre au pied d'une colline, au sommet de laquelle on parvient par une pente insensible, présente, lorqu'on arrive par la

Honfleur

route de Rouen, un coup d'œil très remarquable. Les restes d'un vieux château, appelé la Lieutenance, que l'on aperçoit encore à l'entrée du port, contribuent à rendre la perspective plus intéressante. La population d'environ 15,000 âmes au XVIIe siècle, est à peine aujourd'hui de 9,000 individus.

Honfleur était un port de quelque importance, long-temps avant la fondation du Hâvre; la ville a été fortifiée, elle a soutenu plusieurs sièges; les Anglais l'occupèrent long-temps; en 1440, les généraux de Charles VII les en chassèrent; elle tomba au pouvoir des ligueurs, et fut en 1594, reprise par les troupes d'Henri IV. De nombreuses escadres sont sorties autrefois de ce port à demi-comblé aujourd'hui. La valeur française a plus d'une fois disputé ces vieilles murailles et ces tours en ruines, aux phalanges insulaires; mais l'édification du Hâvre a porté un coup mortel à cette antique cité. C'est la patrie du contre-amiral Hasselin, qui, lors de la dernière guerre d'Espagne, commanda pendant quelque temps la flotte devant Cadix. C'est aussi le berceau du contre-amiral Motard et du capitaine de vaisseau Morel Beaulieu. Lelièvre qui établit et commença en 1617, des relations commerciales avec les souverains de Java, Achem et Sumatra, était né à Honfleur, et partit de Dieppe avec trois vaisseaux. Pierre Berthelot, né dans ce port, rendit les Indes témoins de sa bravoure et de son habileté dans la navigation; il se fit carme déchaussé, continua d'exercer sa profession, et souffrit le martyre, en 1629, dans la ville d'Achem.

L'établissement de la marée a lieu à 10 heures; la communication entre ce port et celui du Hâvre dont il est éloigné de trois lieues, est active et journalière à toutes les marées plusieurs paquebots à vapeur et à voiles en font le trajet. (Voyez le Hâvre, page).

A l'ouest de la ville d'Honfleur, au sommet d'une côte escarpée qu'on nomme la Côte de Grâce, on rencontre la *Chapelle de Grace*, remarquable par le site enchanteur qu'elle présente et par les visites religieuses que les marins viennent y rendre en action de grâces des dangers auxquels ils ont échappé.

C'est là que vient prier le matelot échappé au naufrage. Les murailles du temple sont tapissées de ses *ex-voto*. Au bas de la côte, des spéculateurs, qui connaissent le cœur humain, ont élevé à Bacchus une infinité de petites chapelles où le marin ne manque pas, lorsqu'il croit sa conscience en repos, de faire, en descendant, des libations et des offrandes.

Cette montagne renferme des débris de fossiles rares et curieux; il y a quelques années, on a trouvé dans ses flancs et sur les bords de la mer le squelette du *crocodile* égyptien.

49. (La Petite) **HEURE.** (R. D.)

C'est un simple hameau qui dépend de la commune, dans lequel on voyait encore, en 1789, une chapelle dédiée à Notre-Dame-des-Neiges (1), construite sur les débris d'une église plus considérable, et desservie par un capucin chargé d'offrir à la Vierge les vœux des marins. Les divers noms qu'elle porta indiquent bien ses diverses transitions. Avant le XIIe siècle elle fut le port de l'Heure : il recevait encore des bâtimens en 1391 ; quand le galet qui provient des falaises depuis Etretat eut encombré son port, elle fut le port au Hac; quand, en 1530, elle fut dépouillée en faveur du Hâvre de son droit d'octroi, de pêche, d'ancrage et de prévôté, elle fut la Quesnée et enfin les Neiges. — Au XIVe siècle, lorsque Philippe-de-Valois arma une flotte de 200 vaisseaux pour empêcher les Anglais de débarquer en Flandre, le contingent qui fut fourni par le port de l'Heure fut de 32, c'est-à-dire qu'il en arma plus que Dieppe et qu'aucun fort notable de la Normandie. — Dans le XIe siècle, il existait au-dessous de l'Heure des salines; mais au XIVe siècle ces établissemens furent détruits par les oppressions de la fiscalité. Aujourd'hui l'emplacement qu'occupaient les marais salans est métamorphosé en prairies d'un bon rapport.

(1) M. Morlent, que nous avons eu déjà la faveur

50. (La Grande.) **HEURE**. (R. D.)

Villa. de l'arrond. du Hâvre. Pop. 261, hab. — Bur. de p. *du Hâvre.* Une partie du village de l'Heure était comprise autrefois dans les fortifications de la ville du Hâvre; quoiqu'elle en eût été retranchée en 1584, on y avait cependant conservé quelques ouvrages que les Anglais augmentèrent lorsqu'ils voulurent défendre le Hâvre, que la trahison leur avait livré. A peine en reste-t-il aujourd'hui quelques vestiges. Rien n'est si riant que l'aspect de ce village, de si fertile que les plaines qui l'environnent; mais aussi, par une cruelle compensation, ils sont dévorés à l'automne et au printemps par une fièvre endémique qui mine leur constitution. — Fabriques de cordages; tuileries et briqueteris.

de nommer, à qui nous empruntons cette légende, la raconte ainsi :

« C'était une nuit de Janvier; une barque légère; échappée à la vigilance des Anglais qui bloquaient Honfleur, faisait silencieusement voile pour Rouen. Cette nacelle portait trois intrépides Français déterminés à braver la mort, pour donner avis au gouvernement de la Normandie des forces de l'ennemi, et lui porter des renseignemens positifs sur la situation des assiégés. L'obscurité qui avait protégé leur fuite promettait jusqu'à la fin de favoriser leur entreprise. O contre-temps fâcheux! le ciel se couvre de plus en plus; des nuages

51. HARFLEUR.

Ville de l'arrond. du Hâvre. Pop. —1, 609, hab. ✉ *Dist.* Harfleur est une jolie petite ville maritime, ancienne, désignée dans différens titres du moyen âge, sous les noms de Hardflw, Hareflot ou Harfleu. Elle était déjà considérable en 1035. Les premiers titres qui en fassent mention remontent à l'an 1040, époque où les Danois disputaient aux Anglo-saxons la couronne d'Angleterre. Monstrelet nommait jadis cette

blanchâtres s'amoncèlent sur la tête des navigateurs, et bientôt la neige en sort à gros flocons ; elle tombe avec une telle abondance, que nos marins ne savent plus quelle est la route qu'ils doivent tenir. La voile a fait place à l'aviron ; ils rament, incertains de la plage qu'ils côtoyent, et vont, après de longues anxiétés, échouer sur le rivage. Jugez de leur désespoir : l'ennemi est maître de ces bords qu'ils reconnaissent ; s'ils sont découverts, traités comme espions ; une mort cruelle leur est réservée. Dans un danger si pressant, ils invoquent la Divinité, ils adressent au ciel une fervente prière. Tout à coup une femme, couverte de vêtemens d'une blancheur éblouissante, descend des régions supérieures ; une auréole brillante entoure sa tête virginale ; immobile un instant, et elle leur dit ; « Rassurez-vous. » et disparait. O prodige! la neige a cessé de tomber, les étoiles scintillent et la nef est à flot ; à peine y sont-ils montés qu'un vent favorable les porte vers le but de leur voyage.

Après la délivrance d'Honfleur, on éleva dans ces lieux une chapelle à Notre-Dame-des-Neiges. Telle est là l'origine que la tradition donne à cet hospice.

ville le souverain port de la Normandie. Sa situation à l'embouchure de la petite rivière de la Lézarde et à l'embouchure de la Seine, favorisa ses accroissemens, et le commerce qui se faisait alors en France (1035). — Le 14 août 1415, Henri V, roi, d'Angleterre, débarqua devant Harfleur, qui n'avait que 400 hommes de garnison, commandés par un seigneur d'Etouteville. Les assiégés se défendirent avec un courage héroïque ; après 40 jours de siège, les vivres et les munitions manquant à la fois, ils furent obligés de se rendre à discrétion. Les malheureux habitans éprouvèrent d'un insolent vainqueur, tous les mauvais traitemens que l'animosité peut inventer ; seize cents familles furent dépouillées de leurs possessions, chassées de leur terre natale et conduites à Calais, en punition de leur résistance aux Anglais ; on ne leur permit d'emporter qu'une partie de leurs vêtemens et cinq sols par tête ; leurs chartes, franchises et titres de propriété furent brûlés sur la place publique. Un petit nombre d'habitans, courbé sous le joug ennemi, eut la permission d'y rester, à condition qu'ils ne pourraient acquérir aucune maison en propre, ni hériter. Vingt années se passèrent dans cet état d'humiliation et de malheur ; mais le feu sacré de l'amour de la patrie n'était point éteint dans le cœur des habitans d'Harfleur. Cent quatre d'entre eux osèrent former le projet d'affranchir leur ville du joug de ses odieux vainqueurs. Des intelligences furent adroitement ménagées avec quelques milices des environs; elles s'approchèrent à la faveur des ombres de la nuit, et le point du jour fut le signal d'une attaque que couronna bientôt le plus heureux succès. Les enfans de ceux qui étaient morts à Calais revinrent habiter Harfleur; et c'est en mémoire de ce glorieux évènement qu'on sonnait autrefois chaque matin, à l'heure même de l'attaque, cent quatre coups de cloche pour en perpétuer le souvenir. En 1440 Harfleur retomba au pouvoir des Anglais, qui l'écrasèrent avec les boulets de pierres que lançaient leurs guimbardes, et dont quelques uns, monumens de ce siège mémorable, servent encore aujourd'hui, de bornes à d'anciennes maisons de la ville. — Reconquise par Charles VII, Harfleur s'efforça en vain de recouvrer sa première prospérité; les guerres de religion, la révocation de l'édit de Nantes, et la nature, complice de la fortune, ont successivement contribué à anéantir son commerce maritime et à diminuer sa population depuis le commencement du XVIe siècle. La mer ne baigne plus ses murailles, elle s'en est éloignée d'une demi-lieue. Le port a été envahi par des vases qui, en grande partie conquises à leur tour par la culture, offrent des jardins agréables, des métairies, des troupeaux où jadis se voyaient de nombreux navires. — Harfleur présente encore de nombreux débris de ses anciennes fortifications. — La situation d'Harfleur, est on ne peut plus agréable. Du haut d'une colline qui s'élève au nord de cette ville, on jouit d'un coup-d'œil magnifique sur une vallée fertile et bien cultivée, sur des collines ombragées de bouquets d'arbres admirablement disposés, sur le cours majestueux de la Seine et sur les côtes de la rive opposée qui se perdent dans l'horizon. Une vaste prairie où la Lézarde serpente pendant un cours d'une lieue, s'étend entre Harfleur et la pointe du Hoc (1) où sont situés les établissemens de quarantaine et le Lazaret du Hâvre. commencé lorsque l'on avait peur de la fièvre jaune mais abandonné depuis qu'on ne la craint plus. Les bâtimens d'un léger tonnage peuvent, au moyen de la marée, remonter la Lézarde, jusqu'au milieu d'Harfleur. Mais le commerce de cette ville, aujourd'hui

(1) C'est au Hoc que périt misérablement vers le milieu du XVIIe siècle, le *Rouen*, vaisseau de 70 canons, qui, en sortant du Hâvre, manqua le vent par une fausse manœuvre, et vint s'abîmer dans les sables mouvans sans qu'on pût rien en sauver. On a vu, pendant près de vingt années, l'extrémité de son grand mât s'élever encore au-dessus des eaux.

languissant, amène peu de voiles dans sont port, autrefois si fréquenté.

C'est le clocher d'Harfleur, debout pour vous apprendre,
Que l'Anglais l'a bâti, mais n'a pu le défendre.

l'Église paroissiale d'Harfleur, surmontée d'un beau clocher en pierre fut bâtie pendant le séjour des Anglais dans cette ville, comme monument de la bataille d'Azincourt. Cette église n'a point été terminée, mais elle est remarquable dans la partie qui en reste, par le fini et la beauté des culs-de-lampes suspendus aux clefs des arceaux. Le portail, qui orne un des côtés de l'édifice, est d'une assez belle exécution. L'ancien chœur, dont il ne reste plus que des vestiges, présentait des morceaux d'architecture gothique et des arabesques d'une grande délicatesse, que l'on attribue au XVe siècle. — Patrie du capitaine Gonneville, célèbre marin du XVe siècle, à qui l'on doit la découverte des terres australes. — *Industrie.* Fabriques de tuls d'Irlande. Filatures de coton, raffineries de sucre. Blanchisseries de toiles. Tanneries. — *Commerce* d'avoine. Dépôt d'huitres. — *Foires* les 20 mars, 3 juillet, 8 septembre et 12 novembre. — *Marché* les lundis, mercredis et vendredis.

XIV.

> Charmante ville !
> Elle fut mon berceau ; doux climat, sol fertile ;
> D'aimables habitans... un site ! ah ! quel tableau !
> Après Constantinople, il n'est rien d'aussi beau.
> (CAS. DELAVIGNE.)

52. LE HAVRE.

Grande, belle, riche et forte ville maritime, chef-lieu de sous-préfecture. Tribunaux de première instance et de commerce. Chambre et bourse de commerce. Ecole d'hydrographie de 1re classe. — Pop. 23, 816 hab. ✉ ☞. Le Hâvre n'est point une ville ancienne : c'est à la ruine d'Harfleur qu'elle a dû son origine. Ce ne fut d'abord qu'une bourgade de pêcheurs; Louis XII comprit le premier l'importance d'un port, offrant à la fois un réfuge aux bâtimens

Le Hâvre.

de guerre et du commerce, et défendant l'entrée d'une rivière par laquelle les Anglais avaient si souvent pénétré jusqu'au sein du royaume. Il jeta les fondemens du Hâvre en 1509, mais c'est à François Ier que cette ville est redevable de sa splendeur maritime. En 1515, son port n'était encore qu'un refuge pour les pêcheurs. — Ce monarque chargea Bonnivet de faire un rapport sur la situation géographique du Hâvre; mission dont il s'acquitta à la satisfaction du souverain. Guyon-le-Roi seigneur du Chillon eut la charge de bâtir la nouvelle cité et de perfectionner le port. Il divisa la ville en trois grands quartiers, fit bâtir l'Hôtel-de-Ville, depuis l'Hôtel de la Préfecture et la tour dite de François Ier qui subsiste encore aujourd'hui. — Ce n'est pas sans d'immenses travaux qu'on est parvenu à arracher à la mer le sol d'alluvion sur lequel le Hâvre est bâti. Plusieurs fois même le redoutable Océan a failli reprendre le terrain qu'il n'avait cédé qu'à regret aux efforts de l'homme. A la mort de François Ier, le Hâvre commençait à avoir l'apparence d'une ville importante et fortifiée : on y construisit une citadelle que Louis XIII fit raser et que plus tard Richelieu réédifia sur un plan nouveau, et dont il s'attribua le gouvernement. Mazarin, son successeur au ministère, y fit enfermer les princes de Conti, de

Condé, de Longueville, coupables d'avoir formé des projets contraires aux intérêts de l'état. La citadelle est aujourd'hui un quartier militaire. Les Anglais bombardèrent et bloquèrent le Hâvre plusieurs fois; cependant la ville, grâce à son heureuse situation, continua à s'accroître et à s'embellir. Ce fut au Hâvre que furent armées, en 1682 les premières galiotes à bombes qui aient été mises à la mer, celles là mêmes qui réduisirent Alger en cendres, sous les ordres de Duquêsne. — Le 25 juillet 1694, la flotte de Guillaume III, roi d'Angleterre, qui avait brûlé Dieppe, vint mouiller devant le Hâvre qu'elle bombarda; sept maisons furent consumées durant ce siège, et toute la ville aurait peut-être été écrasée sous les bombes de l'ennemi, si la flamme d'une grande quantité de matières combustibles, transportées par prudence au-delà des murs, et auxquelles le feu fut mis à l'entrée de la nuit, n'eût trompé les Anglais, dont toutes les batteries furent dirigées sur ce point jusqu'au moment où la marée les força de quitter leur position, et, le jour naissant, de reconnaître leur erreur.

En avril 1796, l'amiral anglais Sidney Smith, qui croisait depuis quelque temps dans la Manche ayant voulu s'emparer d'un navire de guerre qui se trouvait sous les batteries du Hâvre, fut entraîné dans la Seine et obligé d'y demeurer jusqu'au lendemain matin. Le commandant de la place, s'étant aperçu de sa position critique, envoya contre lui quelques bateaux canonniers qui lui livrèrent combat et le forcèrent de se rendre. Il fut d'abord conduit à Rouen, et de là à Paris, d'où, après deux années de prison au Temple, il vint à bout de s'évader. — Sous Louis XVI, l'enceinte de la ville fut augmentée d'une superficie presque aussi considérable que l'ancienne, et dans une situation qui lui est parallèle; — Aux remparts qui défendaient le Hâvre, l'empereur fit ajouter de nouvelles fortifications. Une triple enceinte de remparts et de fossés en font une place que des forts, sur les hauteurs voisines, achèveraient de rendre presque inexpugnable. On a plusieurs fois essayé de les construire; mais les paysans des campagnes voisines se sont toujours opposés à leur création; trois fois même, sous l'empire, ils arrachèrent les piquets établis pour le tracé des ouvrages. — Le Hâvre est un des principaux ports de la France pour les importations; sa situation à l'embouchure d'une rivière large et profonde, sa proximité de Paris, et l'avantage que lui procure la Seine de communiquer avec un grand nombre de de départemens de l'intérieur, y favorise un commerce immense, et en font l'entrepôt des marchandises de presque toutes les parties du globe, aussi le port du Hâvre est il le plus fréquenté du royaume. La ville est située à l'angle formé par la rive droite de la Seine et par la côte de l'Océan, dans une plaine fertile, occupée avant le XVe siècle par des marais salants, et que l'eau de la mer a dû couvrir entièrement à une époque peu reculée, et le nord de la plaine est bordé d'un rideau de collines parsemées de bois, de châteaux, de parcs, et à l'extrémité duquel s'élève le bourg d'Ingouville si agréablement situé, et qui, vu de la ville, offre un coup-d'œil charmant. — Le port, capable de recevoir les gros navires marchands, est le plus accessible de toute la côte, et a sur les autres ports l'avantage de garder son plein pendant deux heures ; l'établissement de la marée a lieu à 9 h. 15 m. — Le port ce compose de l'avant-port et de trois grands bassins séparés par quatre écluses. Outre les bassins, il existe une petite et une grande rade ; la première n'est éloignée que d'une portée de canon du rivage ; l'autre est à plus de deux lieues en mer. De beaux quais bordent le port et les bassins. La ville, naguère encore triste, sale et malsaine, se livre avec ardeur aux améliorations les mieux entendues comme aux opérations commerciales les plus hardies. — La grande rue, dite de Paris, est vraiment digne de la capitale ; droite, fort large, pavée en chaussée garnie de trottoires et bordée de belles maisons s'étend de la porte d'Ingouville, traverse la place Louis XVI et se prolonge jusqu'à la place de la Bourse sur le port, et présente incessamment la scène la plus animée ; c'est le centre du principal quartier de la ville ; l'autre quartier est construit sur une île qu'entourent les bassins. — La ville est approvisionnée d'eau par deux sources provenant des collines voisines ; mais ces sources sont peu abondantes, et l'eau des puits, saumâtre et malsaine, ne put y supléer. — Le Hâvre manque de promenades, et cependant ses environs sont charmans. D'Ingouville, la vue est ravissante ; les regards se promènent sur la ville, la plaine environnante, les riches coteaux qui bordent les deux rives de la Seine. D'un côté, on voit s'élancer, presque à pic, la haute falaise de la Hêve, qui porte, à 400 p. d'élévation un double phare bien connu des marins. De l'autre, une côte non moins haute est dominée par le pittoresque château d'Orcher, dont le parc est le rendez-vous des habitans du Hâvre ; et quelles riches perspectives sur l'autre rive de la Seine ! La côte de Honfleur se montre à 3 l. de distance, et les côtes du Calvados se confondent au loin avec la mer immense qui disparaît elle-même dans le teint bleuâtre d'un horizon sans bornes ... Ce panarama, par sa variété et son étendue, est un des plus magnifiques dont on puisse jouir en France. — *Le Commerce* spécial du Hâvre est l'entrepôt des denrées coloniales importées directement, et celui des denrées de notre sol et des produits de notre industrie, destinés à l'exploitation. Depuis quinze ans, ce commerce a pris une extension considérable; et l'importance du Hâvre s'est accrue aux dépens de celle de tous les ports sur l'Océan; Bordeaux a surtout beaucoup souffert de cette rivalité! Les exportations se dirigent principalement sur l'Angleterre, le Nord et le Levant, et particulièrement sur les États-Unis d'Amérique et le Brésil; elles consistent en bœufs, beurre, poisson, morue sèche, harengs, vins de Champagne et de Bourgogne, eaux-de-vie, huiles, fromages et autres provisions; draps, toiles de toutes qualités, coutils, mousselines, soieries, chapeaux, bas, souliers, bijouterie, argenterie, cristeaux, faïence, mercerie, quincaillerie, serrurerie, fers, marmites, harnais de chevaux, savon, plomb et poudre à tirer, fusils, pistolets, etc. Les importations se font, en coton, indigo, sucre, café, cacao, gingembre, gommes, dents d'éléphans, toutes sortes de bois de teinture et de marqueterie, etc., etc.

Industrie. Fabriques d'eau vitriolique, faïence, dentelles, amidon, papier, huiles pour la peinture et à brûler. Raffineries de sucre; taillanderies. Nombreuses tuileries et briqueteries. Faïenceries, brasseries. Corderies de la marine et du commerce. Constructions de navires renommés pour leur beauté et leur solidité. Armement pour la pêche du hareng, de la morue et de la baleine. Manufacture royale des tabacs. Ingouville et le Hâvre, entretiennent dix-sept ateliers où travaillent 78 ouvriers qui font pour 136,000 f. de chaises, en grande partie exportées aux colonies. — Marché le mardi et le vendredi. — Commerce d'importation et d'exportation avec tous les pays maritimes. Entrepôt de sel.

Le Hâvre offre peu de monumens remarquables. Les principaux sont : la tour de François 1er, les deux Hôtels-de-Ville, les églises de Notre-Dame et Saint-François, et la salle de spectacle.

La Tour de François 1er, nom que lui donna son fondateur. Cette tour, solidement construite en pierres calcaires et dont la hauteur est de 21 mètres, et le diamètre de 26, se termine par un parapet découpé de douze embrassures; sur la plate-forme est établi un système de signaux au moyen duquel on correspond avec la Hève et avec les navires sur rade. Le public peut aller jouir sur cette plate-forme du magnifique coup-d'œil qu'on aperçoit de ce point.

Ancien Hôtel-de-Ville, situé place François 1er et à l'extrémité sud de la rue de Paris, est un bâtiment de mauvais goût construit au XVIe siècle par le seigneur de Chillou, et habité par les gouverneurs; plus tard, il devint successivement Hôtel-de-Ville et Hôtel de la Sous-Préfecture; aujourd'hui, c'est le siège des tribunaux de commerce et de justice de paix.

Le nouvel Hôtel-de-Ville, rue de la Corderie, est un édifice d'une distribution commode; bâti en 1753, il ne présente rien de remarquable. — La porte d'entrée est ornée d'un écusson sur lequel est sculptée une salamandre au milieu des flammes, surmontée de fleurs de lis : ce sont les armes que François Ier donna à la ville. — On y arrive par une cour d'honneur, ouverte sur la rue de la Corderie. Il est surtout remarquable, par l'admirable vue dont on jouit du balcon de sa façade extérieure, d'où l'œil découvre toute la Hève, toute la rade et l'embouchure de la Seine. C'est le logement des princes qui viennent visiter le Hâvre.

La Bourse, bâtie en 1785 est un bâtiment fort ordinaire qui depuis long-temps a cessé d'être en harmonie avec le nombre des spéculateurs qui la fréquentent. Elle ne contient qu'une salle, dans laquelle se donnent les concerts publics.

L'église Notre-Dame a la forme d'une croix; sa façade a été rétablie en 1829 sur le modèle de l'ancienne : c'est un composé de plusieurs ordres d'architecture. L'église fut fondée en 1574 et terminée en 1636. La tour est de 1540; Glaude de Montmorency en posa la première pierre : la plate-forme qui la termine était crénelée et garnie de canons, elle avait alors une élévation presque double de la hauteur actuelle du clocher. Plus tard elle servit de phare pour l'entrée du port : aujourd'hui elle renferme les cloches qui annoncent aux fidèles les heures du service divin. L'intérieur de l'édifice n'offre rien de bien remarquable ; la longueur du vaisseau est de 80 mètres ; sa voûte est soutenue par 24 arcades en plein-ceintre. Les orgues ont été donnés à l'église par le cardinal de Richelieu. Il est à regretter que le luxe extérieur n'ait pas permis de consacrer quelques sommes aux ornemens du temple. Ainsi, on désirait que toutes les murailles fussent garnies de boiseries plus élevées, et ces dernières de quelques tableaux passables.

L'église SAINT-FRANÇOIS fut commencée en 1533, sous François Ier, elle n'a été terminée qu'en 1681. C'est un temple sans goût, qui n'est point digne de fixer l'attention de l'ami des arts. Les connaisseurs en tableaux y remarquent une adoration des bergers, de *Jacque-Epée*, peintre distingué, né à Rouen en 1609.

La SALLE DE SPECTACLE est située vis-à-vis du bassin du commerce, sur un des côtés de la place Louis XVI. La première pierre en fut posée par le duc d'Angoulême, le 19 octobre 1817. Ce monument dont la façade n'a rien de remarquable, offre un intérieur orné avec un goût parfait. L'inauguration de cette salle, qui a eu lieu le 24 août 1823, a été pour les habitans du Hâvre une solennité : elle avait attiré une affluence extraordinaire de spectateurs, tant du Hâvre que des villes environnantes. Un charmant prologue d'ouverture, de M. Casimir Delavigne, en a surtout gravé le souvenir chez les Hâvrais, dont ce célèbre poète est le compatriote.

Le PALAIS-DE-JUSTICE, qui occupe toute la partie orientale de la place du Marché, se nommait autrefois le *Prétoire*. C'est le siège du tribunal de première instance de l'arrond. La salle d'audience mérite d'être visitée.

La BIBLIOTHÈQUE du Hâvre occupe trois salles du rez-de-chaussée du Palais de Justice; elle est ouverte toute l'année, depuis 10 heures du matin jusqu'à 3 heures en hiver, et jusqu'à 4 en été, le dimanche excepté. Elle se compose de 15,000 volumes, le buste en marbre de Bernardin de Saint-Pierre, l'immortel auteur des *Etudes de la Nature* et de *Paul et Virginie* est placé dans une des salles de la bibliothèque.

Le BASSIN du COMMERCE, creusé dans les anciens fossés des fortifications, fut commencé en 1788 et achevé en 1792, sous la direction de MM. Lamblardie et Sganzin, ingénieurs des ponts et chaussées : il peut contenir 200 navires, et communique avec les deux autres bassins au moyen de porte-flots et de ponts-levis et tournans

Le BASSIN DE LA BARRE, vis-à-vis de l'entrepôt, est le plus grand des trois qui existent au Hâvre; il peut contenir plus de deux cents navires. C'est là que stationnent les bâtimens venant de l'étranger, à cause de leur proximité de l'entrepôt. La partie nord-est de ce bassin est réservée par la commission sanitaire, pour les navires suspects qui y font quarantaine. Sur la jetée du nord, entourée d'un parapet, on a élevé un petit phare en granit, dont le lanterne est à 7 mètres au-dessus du niveau de la haute mer. Ce phare à feu fixe reste allumé pendant toute la nuit ; il sert de point de reconnaissance aux bâtimens qui viennent du large, et de guide aux caboteurs pour l'entrée du port du Hâvre et celle de la Seine.

On remarque encore au Hâvre *la Citadelle*, ou plutôt le quartier militaire, renfermant l'arsenal, dont les salles d'une beauté remarquable, peuvent contenir 25,000 fusils; le logement du gouverneur, des magasins et huit corps de caserne, tous bâtis sur un plan uniforme, entourent la place d'armes, qui présente un carré parfait et est orné de deux belles fontaines; *l'arsenal de la marine*, édifice construit en 1669, est surmonté d'un clocher dans lequel se trouve une fort belle horloge. —*La Manufacture royale des tabacs*, destinée d'abord à un hôtel des monnaies; le hachage et la pulvérisation se fait au moyen d'une machine à vapeur. 130 ouvriers sont employés aux différens travaux de la manufacture; les produits annuels s'élèvent à 250,000 kil. tabac haché et 500,000 kil. en poudre. — *L'entrepôt réel*, achevé en 1829. La *Douane*, bâtiment carré, élevé par les fermiers généraux en 1754; elle a deux façades sur les quais et une sur la rue de la Gaffe; les bureaux sont ouverts de 8 heures à midi et de 2 à 5 heures du soir. La *Poste Royale*, construite en 1798. C'est un arc de triomphe orné de quelques attributs de Mars et du commerce. —*Le Temple des Protestans* édifice très modeste, situé rue d'Orléans (basse-ville) *Maison où naquit Bernardin de Saint-Pierre*, simple et vieil édifice, situé rue de la Corderie, 47. Un marbre noir placé sur la façade de cette maison, indique le jour de la naissance et l'époque de la mort de cet illustre écrivain; une inscription semblable, rue de l'Hôpital, n° 53, fait connaître la maison où naquit le lieutenant général Rouelle, connu par sa belle défense de Sagonte, mort colonel de la garde nationale du Hâvre.

BIOGRAPHIE.

Le Hâvre est la patrie de *Aignel (l')* jurisconsulte, mort en 1806. — *Ancelot*, l'un de nos poètes les plus distingués qui honorent la France. — *Beauvalet*, célèbre sculpteur, mort en 1818. — *Bernardin de Saint-Pierre*, né en 1737, mort le 21 janvier 1814. — *Bonvoisin*, peintre, mort en 1816. — *Clémence*, savant héllèniste. — *Cordier*, ingénieur-géographe. — *D'Après de Mannevillette*, navigateur, auteur de plusieurs ouvrages d'hydrographie fort estimés. — *Delavigne (Casimir)* poète dramatique et l'un des littérateurs les plus distingués de notre époque. — *Dicquemar*, célèbre naturaliste. — *Dublocage-de-Bléville*, historien du Hâvre, mort en 1756. — *Faure*, auteur d'un parallèle entre la marine de France et celle d'Angleterre. — *Lafayette (Mme de)*, auteur célèbre de Zaïde et de la princesse de Clèves. — *Lesueur*, voyageur et naturaliste. — *Levée*, littérateur. — *Masseille*, historien, auteur de mémoires manuscrits sur le Hâvre, mort en 1600. — *Pierreval*, littérateur. — *Rouelle*, lieutenant-général, connu par sa belle défense de Sagonte. — *Scudéry (Mlle)*, née en 1607, morte en 1701. — *Yvon*, adjudant-major au 14e régiment de ligne, mort au champ d'honneur le 14 décembre 1806.

HOTELS GARNIS.

(Table-d'hôte à 5 heures).

Hôtel de l'Aigle d'or, *rue de Paris*, 32.
Hôtel de l'Amirauté, *Grand-Quai*, 43.
Hôtel des Armes de la Ville, *rue d'Estimauville*, 29.
Hôtel d'Angleterre, *Grand-Quai*.
Hôtel du Brésil, *rue de la Crique*, 3.
Hôtel d'Espagne, *rue de Paris*, 8.
Hôtel des Etats-Unis, *quai de l'Ile*, 8.
Hôtel des Etrangers, *quai du Vieux-Bassin*.
Hôtel de l'Europe, *rue de Paris*, 121.
Hôtel de Hollande, *rue Saint-Julien*, 9.
Hôtel des Indes, *Grand-Quai*, 65.
Hôtel de Lillebonne, *rue de Paris*, 62.
Hôtel de Londres, *Grand-Quai*, 75.
Hôtel de la Paix, *rue de la Crique*, 5.
Hôtel Wheeler, *quai Notre-Dame*, 15.

RESTAURANS.

Baucher, *quai Notre-Dame*, 19.
Capron, *rue des Viviers*, 2.
Dorey, *rue de la Halle*, 5.
Laiter, *place Louis XVI*, 19.
Lebony, *rue Royale*, 53.

Lecomte (mag. de comestibles), *rue de Paris*, 63.
Lelièvre, *Parc aux Huîtres*, jetée du Nord.
Moulin, *rue de la Fontaine*, 18.

CAFÉS.

Café des Arcades, *place Louis XVI.*
Café de Arts, *place Louis XVI*, 8.
Café Bourgeois, *Grand-Quai*, 9.
Café de la Bourse, *place François Ier*, 1.
Café Caron, *place Louis XVI.*
Café du Commerce, *place Louis XVI.*
Café Dellié, *place François Ier*, 7.
Café Dorcy, *rue de Paris*, 55.
Café de France, *place Louis XVI.*
Café de la Garde Nationale, *Jetée du Nord.*
Café Laiter (restaurant), *place Louis XVI*, 19.
Café Ledran, *rue de Paris*, 51.
Café de la Marine, *rue des Drapiers.*
Café du Midi, *rue Saint-François.*
Café de Paris, *place Richelieu.*
Café de Rouen, *rue de Paris*, 115.
Café Turc, *Grand-Quai*, 51.
Café des Vapeurs, *Grand-Quai*, 75.
Café de Versailles, *rue de Paris*, 116.

BAINS PUBLICS.

Bains du Hâvre, *rue du Grand-Croissant*, près la Poste aux lettres.

Bains Frascati, *sur le Perrey*, près la jetée.

Bains de la veuve Gosset, *sur le Perrey*, près la porte des Pincettes.

POSTE AUX LETTRES,

(Rue du Grand-Croissant, 7.)

Le bureau des affranchissemens est ouvert jusqu'à 5 heures,

Les articles, à l'arrivée et au départ, sont payés et reçus depuis neuf heures du matin jusqu'à 2 heures.

Le courrier ordinaire, pour toutes les villes de France, part tous les jours à 5 heures.

POSTE AUX CHEVAUX,

(Rue d'Orléans).

DILIGENCES.

Messageries Royales, *rue de Paris*, 49.

Messageries Laffitte et Caillard, *rue de Paris*, 101.

Messageries Jumelles, *rue de Paris*, 32.

Messageries Mainot et Ce, *rue de Paris*, 86.

S'adresser pour les renseignemens :

A PARIS :
- Chez M. Vanheumen, à l'Agence générale des Paquebots à vapeur, rue de Rivoli, 4.
- M. Ladvocat, galerie d'Orléans, 17.
- M. Susse, place de la Bourse, 31.
- MM. A. Collette et Cie, rue Vivienne, n. 2 *bis*.

A ROUEN :
- Chez le Capitaine, quai Saint-Eloi.
- M. Dionis, quai d'Harcourt.

AU HAVRE : MM. Jallant et Villard, Grand-Quai, 15.

Il n'est pas besoin de retenir ses places à l'avance ; il faut seulement se présenter à bord aux jours et heures de départ.

LA SEINE,

CAPITAINE FAUTREL.

Mue par deux machines à basse-pression, de la force collective de 120 chevaux.

Ce joli paquebot, semblable en tous points à la *Normandie*, appartient à la même compagnie et permet un service régulier et de tous les jours entre Rouen et le Hâvre.

La Seine a commencé sa navigation le 18 juin 1835.

PRIX DES PLACES.

Premières : 10 fr. — Secondes : 6 fr.

Voitures à quatre roues : 35 fr. — A deux roues : 20 fr.

Il y a un Restaurant à Bord.

Pour les renseignemens, aux mêmes adresses qu'à la NORMANDIE.

LE

LOUIS-PHILIPPE,

CAPITAINE AGASSE.

Mu par une machine à haute pression. Deux pistons système *Cavé*.

Ce paquebot de la force de 30 chevaux et 112 pieds de longueur fait son service de Rouen au Hâvre concurremment avec la *Normandie* et la *Seine*.

PRIX DES PLACES.

PREMIÈRES : 6 fr. ; SECONDES : 4 fr.

Voitures à quatre roues : 35 fr. ; — à deux roues : 20 fr.

Il y a un Restaurant à bord.

S'adresser, à
- PARIS, au bureau des Armateurs, rue du faubourg Poissonnière, 95 ;
- *Ibidem*, à M. LACOMBLET, rue de Cléry, 5 ;
- ROUEN, au bureau des Paquebots, q. du Hâvre, 76 :
- HAVRE, à M. HAROUX, au Café-Turc, sur le Gr.-Quai.

DE

ROUEN A LA BOUILLE,

EMMA,

Capitaine FEVEU.

Ce Paquebot, mu par une Machine à haute pression, de la force de 20 chevaux, a 115 pieds de longueur.

PRIX DES PLACES.

Premières : 12 sous. — Secondes : 8 sous.

Bureaux : Quai du Hâvre, 96.

PAQUEBOTS A VOILES,

L'INDUSTRIE,

ET

LA COMTESSE DE BRISSAC,

PATRON BOSSIND.

Ces bateaux halés par des chevaux, reçoivent peu de passagers à bord, ils sont spécialement destinés au transport des bestiaux et marchandises, et partent tous les jours, — de Rouen à 6 heures du matin, — de la Bouille à minuit.

DE

ROUEN ELBEUF,

LA

VILLE D'ELBEUF,

CAPITAINE BOQUET.

Ce Paquebot, mu par une Machine de moyenne pression à trois pistons, de la force de 30 chevaux, a 95 pieds de longueur.

PRIX DES PLACES.

PREMIÈRES : 1 fr. — SECONDES : 50 c.

BUREAUX : Entrée du Cours-la-Reine.

SERVICE RÉGULIER

ENTRE

LE HAVRE ET HONFLEUR.

Le trajet se fait en trois quarts d'heure.

LE

FRANÇAIS,

CAPITAINE GALLON.

Ce Paquebot, de la force de 50 chevaux, jauge 115 tonneaux. Part tous les jours et retourne dans la même marée.

PRIX DES PLACES:

PREMIÈRES : 1 fr. — SECONDES : 50 cent.

L'OMNIBUS,

CAPITAINE LIARD.

Ce Paquebot, de la force de 56 chevaux, part tous les jours avec le FRANCAIS. Le prix des places est le même.

LE COURRIER,

CAPITAINE BOUTAIN.

Ce Paquebot, de la force de 60 chevaux, part également tous les jours avec le FRANÇAIS et l'OMNIBUS. Le prix des places est le même.

Des bateaux passagers, à voiles, partent régulièrement à toutes les marées pour Honfleur, et se chargent du passage des personnes et des marchandises.

ENTRE

LE HAVRE ET HAMBOURG,

Le trajet se fait en 50 heures par les deux Bateaux à vapeur

HAVRE, HAMBOURG,

CAPITAINE DELARUE. CAPITAINE BALADIER.

départ tous les samedis.

Ces deux Paquebots, de 160 pieds de longueur, du port de 400 tonneaux, sont mus par deux machines à basse pression, de la force de 120 chevaux. Ils ont des aménagemens qui ne laissent rien à désirer sous le double rapport de l'élégance et de la commodité. Il y a une chambre particulière pour les dames.

PRIX DES PLACES.

Première chambre 180 fr.; Deuxième chambre 130
Nourriture comprise.

Les enfans au-dessous de dix ans ne payent que la moitié du passage.

Une voiture à quatre roues, 225 f.; à deux roues, 180 f.

Un cheval, 100 fr.; un chien, 30 fr.

Les rafraîchissemens, vins, etc. sont fournis par le restaurant du bord à des prix très modérés approuvés par la Compagnie.

S'ADRESSER :

Au Hâvre, à M. P. H. Albrecht, directeur, quai d'Angoulême, 25.

A Hambourg, à M. Brodermann, rue de l'Amirauté, 35.

A Paris { A M. Tom Albrecht, rue St-Honoré, 383.
Au bureau d'Agence Générale des paquebots r. de Rivoli, 4.

DU HAVRE A SOUTHAMPTON

PAR PORSMOUTH,

Le trajet se fait en 12 heures.

L'APOLLO,

CAPITAINE CLERK.

Ce superbe Paquebot à vapeur, de la force de 100 chevaux, commandé par un officier de rang de la marine royale anglaise, continue sa navigation alternativement avec

LA CAMILLA,

CAPITAINE FULZARD.

Ce joli Paquebot, de la force de 60 chevaux, consiste en une élégante salle à manger et des chambres séparées pour les dames et les messieurs, nouvellement décorées, offrant toutes les commodités possibles.

PRIX DES PLACES.

PREMIÈRES : 26 fr. 25 c. — SECONDES : 22 fr. 50 c.
VOITURES : 75 fr. — CHEVAL : 75 fr. — CHIEN : 6 fr 25 c.

S'adresser :

A Paris	M. Vanheumen, à l'Agence générale des Paquebots, *rue de Rivoli*, 4. M. Caillez, *place Vendôme*, 16.
Southampton. . . .	M Priaux.
Porsmouth.	MM. Wanderburg et fils.
Caen.	M. Armatrong.
Au havre.	M. G.-H. Gillo.

du HAVRE à LONDRES.

Service régulier en 24 heures.

QUEEN ADELAÏDE,

Capitaine H. WOODRUFF.

Cet élégant navire, de la force de 120 chevaux et du port de 250 tonneaux, est très convenablement disposé pour recevoir les passagers et les marchandises.

PRIX DES PLACES

SANS NOURRITURE.

1re Chambre, payée au Hâvre, 50 fr. — 2e chambre, 25 fr.

Les enfans au-dessous de 12 ans, moitié prix.

Voitureà 4 roues : 105 fr. ; — àdeux roues : 52 f. 50 c.

Un cheval sans nourriture : 78 fr. ; — un chien : 6 fr.

S'ADRESSER :

A Londres.	Au bureau de la compagnie, King Welliam Street.
Au Havre.	A MM. Guillou et Bertrand, quai d'Orléans, 50.
A Rouen.	A MM. G.-N. Browne et H.-S. Grenfelt
A Paris.	A M. G.-S. Grenfelt, rue de Bondy, 38. Et à M. Vanbeumen, à l'agence générale des paquebots, rue de Rivoli, 4.

DU HAVRE A BIGHTON.

(Et vice versa.)

LE MOUNTAINEER.

CAPITAINE JARMANN.

Départ tous les trois jours.

Cet élégant navire est très convenablement disposé pour les passagers et les marchandises.

Première chambre : 25 fr. — deuxième chamb. 20 f.

Les enfans au-dessous de 10 ans, moitié prix.

Voitures : 26 fr. 16 c. par roue. — Chevaux : 78 fr. 40 c. par tête.

Fret sur marchandises, 1. fr. 50 c. par pied cube.

S'ADRESSER :

AU HAVRE. A MM. Guillon et Bertrand, quai d'Orléans, 5o.
A PARIS. A M. March, rue Mont-Thabor ;
A ROUEN. A M. Schoult, au bureau de M. Rapp, courtier ;
A BRIGHTON. A M. P. Black.

PAQUEBOTS A VOILES.

DU HAVRE  A NEW-YORCK.

LIGNE DE L'UNION.

Les départs du Hâvre auront lieu dans l'ordre suivant :

NAVIRES.	CAPITAINES.	DÉPARTS.		
POLAND.	C. ANTHONY	1 juillet.	16 novembre	
ALBANY.	E. HAWKINS.	8 *Idem.*	16 décembre.	8 mars.
HAVRE.	C. STODDARD.	16 *Idem.*	8 *Idem.*	16 *Idem*,
SULLY.	C. A. FOUBERB.	1 août.	16 *Idem.*	1 avril.
F. DEPAU.	H. ROBINSON.	8 *Idem.*	1 janvier.	8 *Idem.*
RHONE.	J. ROCKETZ.	16 *Idem.*	8 *Idem.*	16 *Idem.*
CHARLEMAGNE.	A. RICHARDONN.	1 septembre.	16 *Idem.*	1 mai.
FRANÇOIS I.	J. CASTTOFF.	8 *Idem.*	1 février.	16 *Idem.*
NORMANDIE.	W. W. PELL.	16 *Idem.*	8 *Idem*	1 juin.
FORMOSA.	W. B. ORNE.	1 octobre.	16 *Idem.*	8 *Idem*
SILVIE DE GRASSE.	WIEDERHOLDT.	8 *Idem.*	1 mars.	16 *Idem.*

S'Adresser pour Fret et Passage :

PARIS, à M. S. R. DENISON, rue de Cléry, 10.

Au HAVRE, à M. FIQUENET, l'aîné. — MM. PETRAY, VIEL et Comp. — MM. WELLES et GREENE.

TABLE DES MATIÈRES.

CHAP. XIV.

FIN DE LA TABLE.

CARTE DE L'ITINÉRAIRE DES BA

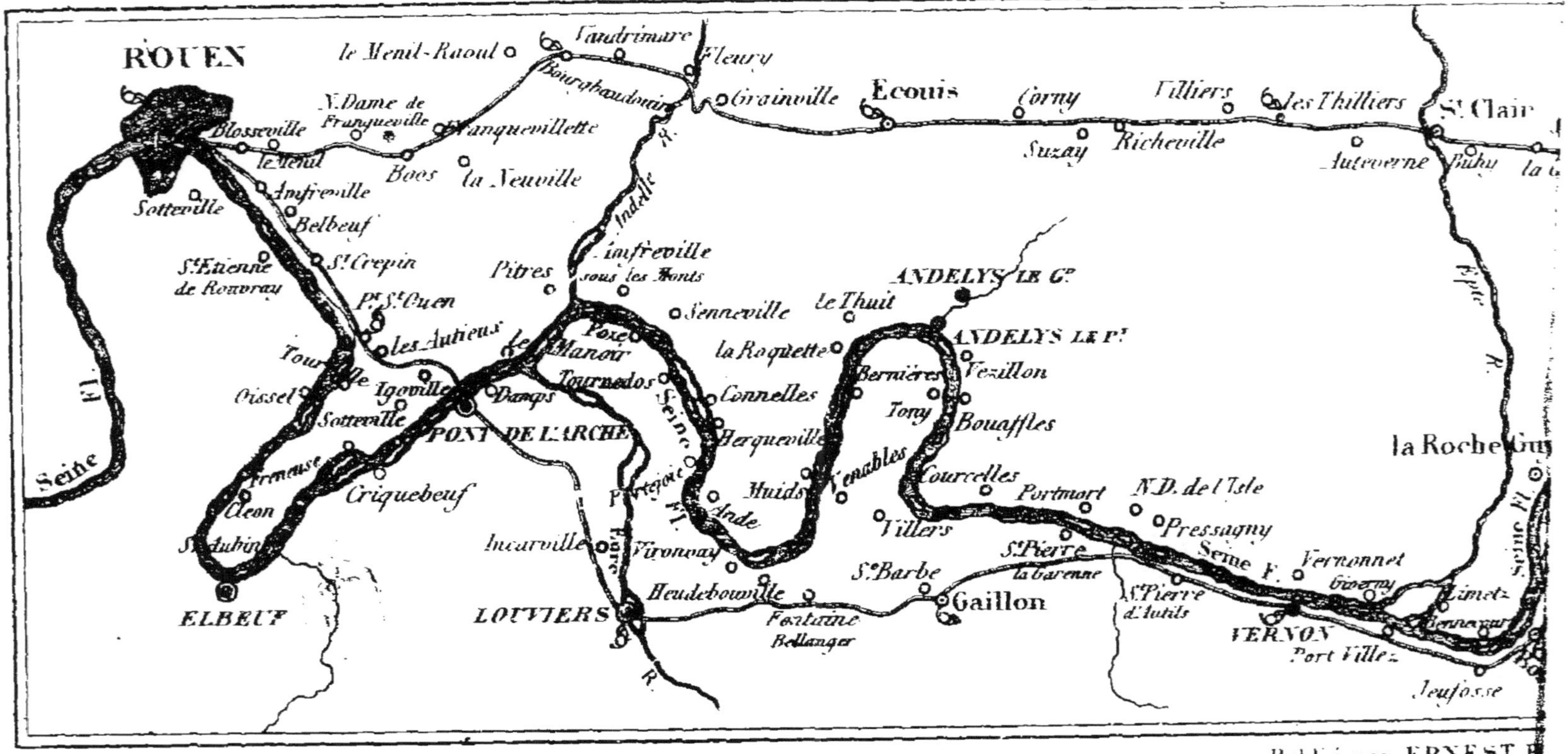

ROUEN
le Menil-Raoul
Vaudrimare
Fleury
N. Dame de Franqueville
Vanquevillette
Bourgbaudouin
Grainville
Ecouis
Corny
Villiers
les Thilliers
S.t Clair
Blosseville
le Menil
Boos
la Neuville
Suzay
Richeville
Autreverne
Buhy
Sotteville
Amfreville
Belbeuf
Andelle R.
S.t Etienne de Rouvray
S.t Crepin
Pitres
Amfreville sous les Monts
P.t S.t Ouen
les Autieux
Le Manoir
Poxe
Senneville
le Thuit
ANDELYS LE G.D
ANDELYS LE P.T
la Roquette
Tourville
Oissel
Igoville
Sotteville
Dangs
Tournedos
Connelles
Bernières
Vezillon
Tony
Bouaffles
Epte R.
PONT DE L'ARCHE
Berqueville
Seine
Seine Fl.
Freneuse
Criquebeuf
Portejoie
Fl.
Muids
Venables
Courcelles
Portmort
N.D. de l'Isle
Pressagny
la Roche Gu
Cleon
Ande
Villers
S.t Aubin
Incarville
Vironvay
Eure
S.t Pierre
la Garenne
Seine F.
Vernonnet
Giverny
Limetz
Heudebouville
S.te Barbe
Gaillon
S.t Pierre d'Autils
Bonnieres
Seine Fl.
ELBEUF
LOUVIERS
Fontaine Bellanger
VERNON
Port Villez
Jeufosse
R.

Publié par ERNEST B

S BATEAUX A VAPEUR DE PARIS A ROUEN.

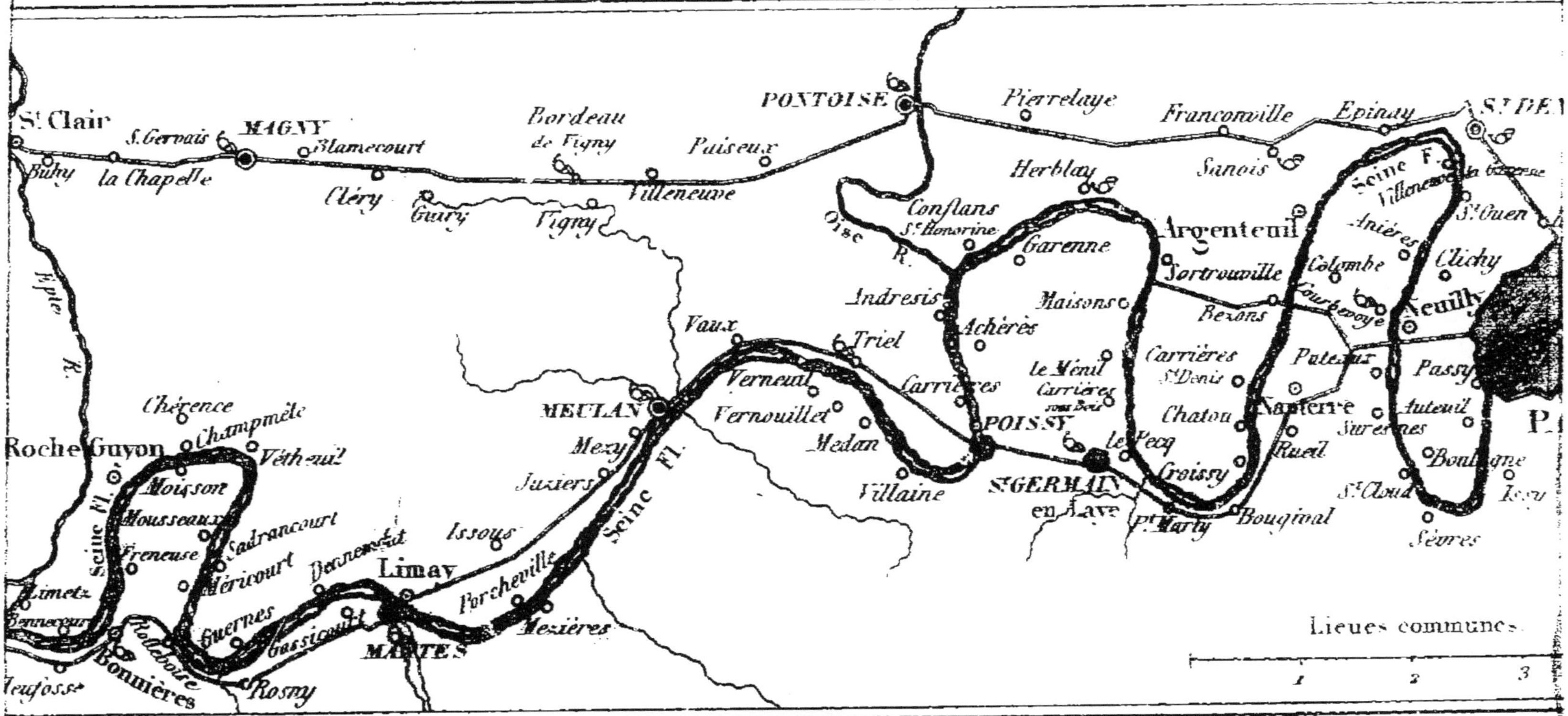

St. Clair
S. Gervais
MAGNY
Blamecourt
Buhy
la Chapelle
Cléry
Guiry
Bordeau de Vigny
Vigny
Villeneuve
Puiseux
PONTOISE
Pierrelaye
Franconville
Epinay
S.T DE
Sanois
Herblay
Oise R.
Conflans S.t Honorine
Garenne
Argenteuil
Sartrouville
Maisons
Bezons
Andresis
Achères
Colombe
Courbevoye
Villeneuve la Garenne
Seine F.
Aniéres
S.t Ouen
Clichy
Neuilly
Vaux
Triel
Carrières
le Ménil
Carrières sous Bois
Carrières S.t Denis
Puteaux
Passy
Epte R.
Chérence
Champmêle
Roche Guyon
Vétheuil
MEULAN
Mezy
Verneuil
Vernouillet
Medan
POISSY
Chatou
Nanterre
Auteuil
Suresnes
P.
le Pecq
Croissy
Rueil
Boulogne
Juziers
Villaine
S.t GERMAIN en Laye
Pt. Marly
Bougival
S.t Cloud
Issy
Sèvres
Moisson
Mousseaux
Sadrancourt
Seine Fl.
Freneuse
Méricourt
Dennemont
Issous
Limay
Porcheville
Seine Fl.
Limetz
Bennecourt
Rolleboise
Guernes
Gassicourt
MANTES
Mezières
Lieues communes.
Neufosse
Bonnières
Rosny

1 2 3

RNEST BOURDIN, Libraire-Editeur, à Paris.

K A VAPEUR DE PARIS A ROUEN.

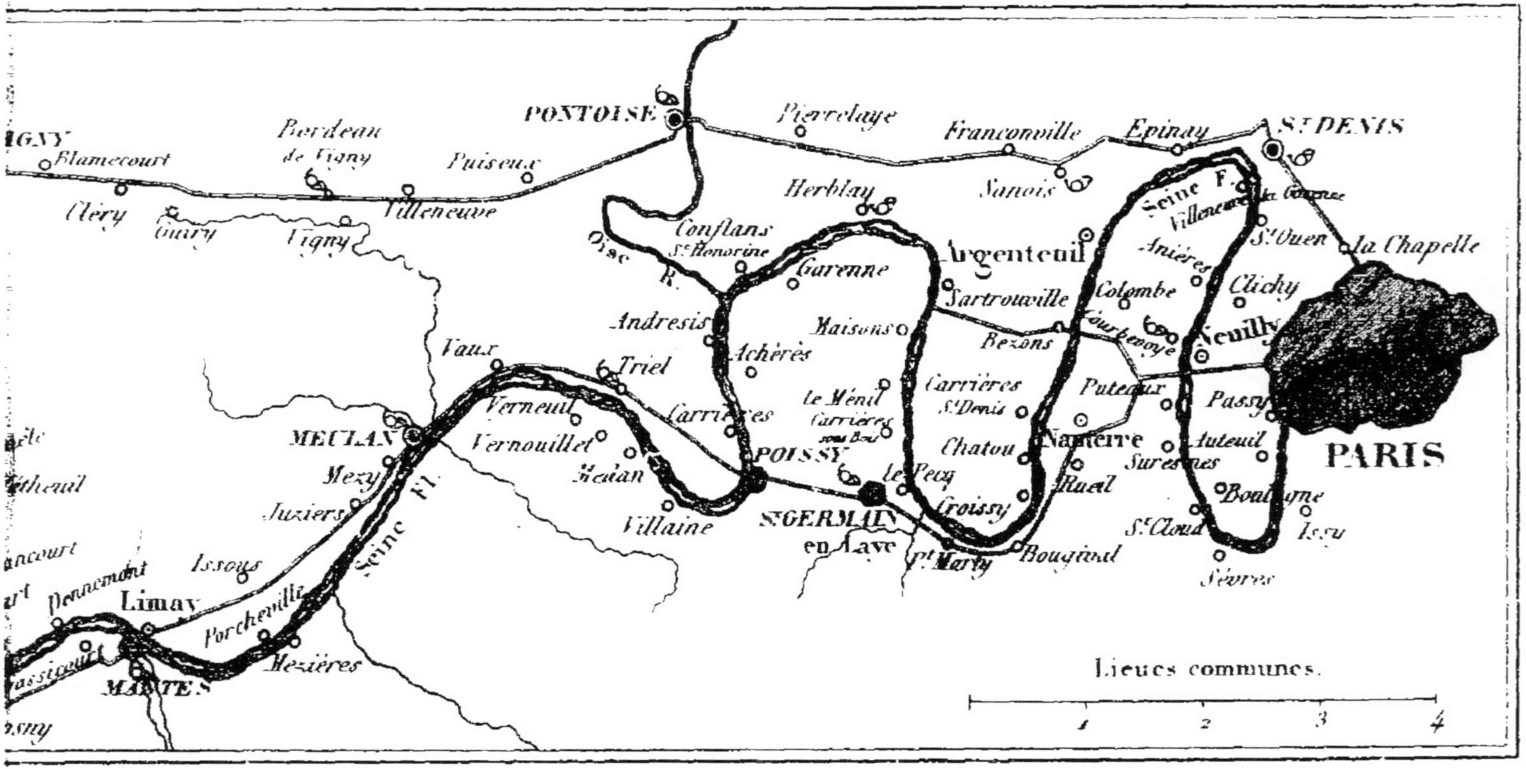

PONTOISE
Pierrelaye
Franconville
Epinay
St. DENIS
Bordeau de Vigny
Blamecourt
Puiseux
Cléry
Villeneuve
Vigny
Herblay
Sanois
Seine F.
Villeneuve
St. Ouen
la Chapelle
Conflans St. Honorine
Oise R.
Garenne
Argenteuil
Anières
Clichy
Sartrouville
Colombe
Andresis
Maisons
Bezons
Courbevoye
Neuilly
Vaux
Achères
Triel
le Ménil
Carrières St. Denis
Puteaux
Passy
Verneuil
Carrières
Carrières sous Bois
Chatou
Nanterre
Auteuil
MEULAN
Vernouillet
POISSY
le Pecq
Suresnes
PARIS
Mezy
Médan
Rueil
Boulogne
Juziers
Villaine
St. GERMAIN en Laye
Croissy
St. Cloud
Issu
Seine Fl.
Pt. Marly
Bougival
Sèvres
Issous
Dennemont
Limay
Porcheville
Mézières
MANTES
Lieues communes.
1 2 3 4

braire-Editeur, à Paris.

CARTE DE L'ITINÉRAIRE DES BATEAUX A VAP

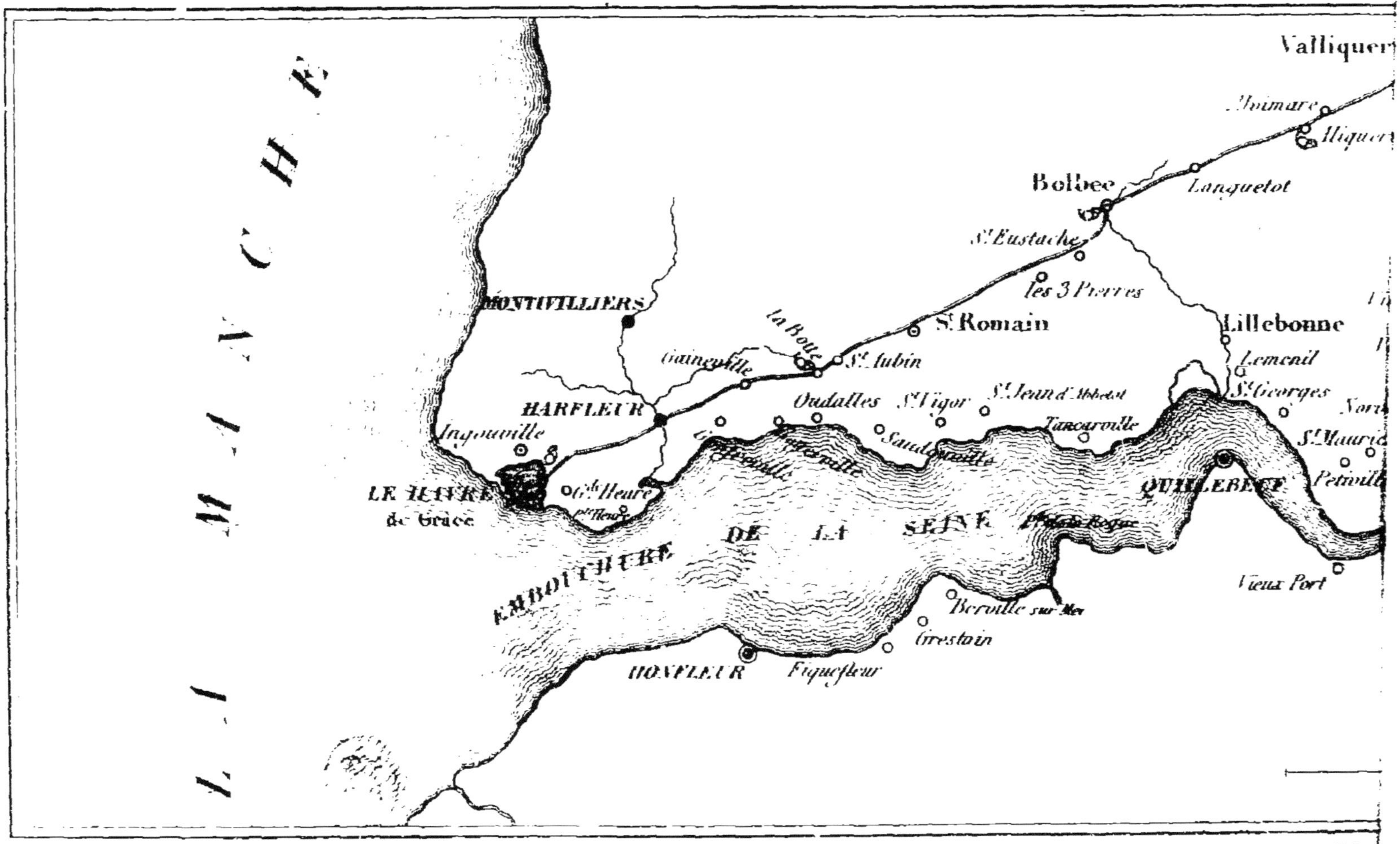

ERNEST BOURDIN

BATEAUX A VAPEUR DE ROUEN AU HÂVRE.

Lieues communes.

1 2 3 4

www.ingramcontent.com/pod-product-compliance
Ingram Content Group UK Ltd.
Pitfield, Milton Keynes, MK11 3LW, UK
UKHW012207240726
13966UKWH00002B/626